Nicolas von Passavant

Hemmungen und Dynamit

Der Zytglogge Verlag wird vom Bundesamt für Kultur mit einem Strukturbeitrag für die Jahre 2021–2024 unterstützt.

Autor und Verlag danken für den Druckkostenbeitrag:

 Kulturstiftung
Fondation culturelle

2. Auflage 2023

© 2022 Zytglogge Verlag, Schwabe Verlagsgruppe AG, Basel
Alle Rechte vorbehalten
Lektorat: Andjelka Antonijevic
Coverfoto: © Walter Studer, Pipaluk Minder
Umschlaggestaltung: Hug & Eberlein, Leipzig
Layout/Satz: 3w+p, Rimpar
Druck: CPI books GmbH, Leck

ISBN: 978-3-7296-5100-5

www.zytglogge.ch

Nicolas von Passavant

Hemmungen und Dynamit

Über das Politische bei Mani Matter

Mit drei politischen Artikeln von Mani Matter

ZYTGLOGGE

Inhalt

Einleitung

Viele Schweizer Schriftstellerinnen und Schriftsteller, die den gesellschaftlichen Diskurs des Landes in den letzten hundert Jahren maßgeblich mitgeprägt haben, sind über die Landesgrenzen hinaus bekannt geworden. Annemarie Schwarzenbach, Ludwig Hohl und Friedrich Dürrenmatt, Gertrud Leutenegger, Lukas Bärfuss und Dorothee Elmiger: Ihre Texte wurden und werden, zum Teil hauptsächlich, in bundesdeutschen Medien und Verlagen publiziert.

Mit den Liedern Mani Matters verhält es sich anders: Auf Berndeutsch geschrieben und gesungen, sind sie in Deutschland nie bekannt geworden. In der Deutschschweiz aber ist die Popularität des Sängers auch Jahrzehnte nach seinem frühen Unfalltod 1972 ungebrochen: Über nun schon drei Generationen hinweg können Menschen hier nicht selten ganze Strophen seiner Chansons auswendig. Längst haben die Lieder Eingang in den Musikunterricht gefunden, wurden vielfach nachgespielt und adaptiert. Friedrich Kappelers *Mani Matter – Warum syt dir so truurig?* wurde 2002 zum erfolgreichsten Schweizer Dokumentarfilm überhaupt. Mit einer großen Matter-Ausstellung erzielte das Schweizerische Landesmuseum 2013 einen Besucherjahresrekord.

Der Erfolg verdankt sich der sprachlichen Raffinesse und dem gedanklichen Hintersinn, die in den vordergründig einfachen Chansons stecken. Oft wird auch auf eine gesellschaftskritische Dimension der Lieder verwiesen. War Mani Matter aber ein *politischer Dichter?* Und wenn ja, in welchem Sinn?

Hans Peter Matter, so der bürgerliche Name, war politisch äußerst interessiert und kundig: Als promovierter Jurist und als Beamter der Stadt Bern war er mit der Geschichte der Staatslehre und dem politischen System der Schweiz sehr gut vertraut. Er war Mitglied, zeitweise auch Präsident der Kleinpartei *Junges Bern*. Dort hat er in Kampagnen und Wahlkämpfen mitgearbeitet. Matter hat die ersten Statuten des progressiven Schriftstellerbündnisses *Gruppe Olten* verfasst und auch in seinen Tagebüchern (publiziert 1974 als *Sudelhefte*) findet sich eine Vielzahl politischer Überlegungen.

Im Unterschied zu vielen deutschen Liedermachern seiner Generation sucht man in seinen Liedern allerdings vergeblich nach politischen Parolen: Er glaube nicht, sagte Matter im Interview, dass Musiker viel erreichten, wenn sie « ihr ‹ Engagement › mit dem Holzhammer zum Ausdruck bringen ».[1] Wohl aber seien manche seiner Chansons als « Modelle für politische Sachverhalte »[2] zu verstehen.

Der folgende Essay geht der Frage nach, was es damit auf sich hat: Worin besteht das ‹ Politische › dieser Lieder, wenn sie direkte politische Aussagen generell eher meiden? Was ist unter den ‹ Modellen › zu verstehen, von denen Matter spricht? In welcher Verbindung stehen sie mit seiner theoretischen Auseinandersetzung? Inwiefern reagieren sie auf politische Diskussionen seiner Zeit?

Trotz seiner Bekanntheit ist Matters Werk nicht oft Gegenstand theoretischer Überlegungen geworden; und die Arbeiten, die es gibt, gehen auf Fragen des Politischen oft eher im Vorbeigehen ein. Das verwundert insofern, als nicht nur die entsprechenden Passagen aus den Tagebüchern seit Jahrzehnten zugänglich sind. Auch mehrere politische Artikel, die

---

1 Im Gespräch mit dem *Bieler Tagblatt* (19.3.1971, unpaginiert).
2 So Matter im Interview mit der Zeitschrift *Femina* (22.9.1972, S. 64).

Matter zu Lebzeiten veröffentlichte, sind zumindest in Universitätsbibliotheken noch zu finden. Um sie leichter greifbar zu machen, werden sie im Anschluss an diesen Essay neu abgedruckt.

In den vergangenen Jahren ist auch weiteres reiches Material dazugekommen: Aus dem schriftlichen Nachlass Matters, seit 2007 im *Schweizerischen Literaturarchiv* zugänglich, erschien 2011 das *Cambridge-Notizheft*. Es enthält Aufzeichnungen von Matters einjährigem Englandaufenthalt 1967/1968, in denen er sich eingehend mit den politischen Diskussionen dieser Jahre beschäftigt. In Cambridge hatte er an seiner Habilitationsschrift gearbeitet, die mit der *pluralistischen Staatstheorie* ebenfalls einem politischen Thema gewidmet ist. Zu Lebzeiten unveröffentlicht, liegt sie seit 2012 in einer sorgfältigen Edition durch den Rechtswissenschaftler Benjamin Schindler vor.

Der folgende Essay beleuchtet erstmals diese Gesamtheit der politischen Schriften, um zu eruieren, in welchem Verhältnis sie zu den Liedern stehen. Er geht im ersten seiner drei Teile von den Chansons aus, insbesondere dem dort häufig wiederkehrenden Thema der Gewalt. Unabhängig davon, ob im Ton lustig oder nachdenklich, ob in ihrer Struktur erzählerisch oder eher assoziativ: Oft kommt es in Matters Chansons zu Handgreiflichkeiten und Beleidigungen, zu Mord und Totschlag sowie zu teils auch explizit politischer Gewalt.

Gewalt ist in Matters Liedern dabei selten bezugslos. Oft funktionieren Übergriffe, Aggressionen und Tumulte als Kristallisationspunkt komplexer Themen und Konflikte. Und immer wieder stellt sich die Frage: In wessen Namen wird solche Gewalt ausgeübt? Wer glaubt sich in der Ausübung von Gewalt wodurch legitimiert?

Mit dieser Frage nach der Legitimation von Gewalt befindet man sich mitten in Matters theoretischen Überlegungen. Diesen gehe ich im zweiten Teil des Essays zuerst anhand von Matters Habilitationsschrift nach, aus der viel von seinem Verständnis von Staat und Gesellschaft zu erfahren ist. Dass diese theoretische Auseinandersetzung nicht losgelöst von gesellschaftlichen Entwicklungen und politischen Ereignissen stattfand, zeigen das *Cambridge-Notizheft* und die politischen Artikel Matters. Hieran wird deutlich, wie er auf gesellschaftliche Konflikte seiner Zeit reagierte und sich sein politisches Denken entwickelte.

Der dritte und letzte Teil des Essays kehrt zu den Liedtexten zurück. Anhand einer nochmals etwas detaillierteren Lektüre zeigt sich, in welch engem Bezug die wissenschaftlichen und die künstlerischen Arbeiten Matters stehen: Man erkennt Hintergründe der Lieder in seinen wissenschaftlichen Überlegungen und seiner Auseinandersetzung mit zeitgenössischen Debatten. Und man kann nachvollziehen, wie sich der Gestus der Lieder teils parallel zur Entwicklung im politischen Denken verändert.

All das (darüber resümiert das Nachwort) bedeutet nicht, dass man die Chansons zwingend besser versteht, wenn man sie im Zusammenhang historischer und wissenschaftlicher Debatten hört. Mit Blick auf seine theoretischen Überlegungen wird indessen gerade dies klarer: Weshalb es Mani Matter wichtig war, Lieder zu schreiben, die ohne bestimmtes theoretisches Wissen und ohne ideologische Annahmen funktionieren.

Zu formalen Aspekten: Matters Werk verdient Beachtung über Dialektgrenzen hinaus. Zitaten aus den Liedern sind deshalb in den Fußnoten Übersetzungen hinzugefügt. Sie versuchen gar nicht erst, den Wortwitz der Originale nachzuahmen: Die Übersetzungen sollen nur bei Bedarf helfen, den Inhalt der Texte zu verstehen (und die sprachliche Raffinesse am Original nachzuvollziehen).

Die Zitate aus Matters Werken sind mit Kürzeln (Siglen) ausgewiesen. Diese finden sich in den Quellenangaben im Anhang aufgelöst. Verweise auf die im Band nachgedruckten Artikel werden in eckigen Klammern ergänzt. Matters Liedtexte zitiere ich nach den drei veröffentlichten Liederbüchern (LB); nicht wundern darf man sich über die dort durchgehende Kleinschreibung. Auch bei den im Anschluss an den Essay nachgedruckten Artikeln Matters wird die ursprüngliche Rechtschreibung beibehalten. Den Erscheinungsort der Aufnahmen weise ich nicht immer aus: Eine Angabe fällt gewöhnlich weg, wenn sie zu Lebzeiten auf EPs veröffentlicht wurden; gesammelt auf der Doppel-LP *I han es Zündhölzli azündt* (1973). Erfolgte die Erstaufnahme dagegen live oder durch andere Musiker, ist sie vermerkt.

Poetik und Gewaltmotivik

Mani Matter hat schon als Schüler in den 50er-Jahren gedichtet und frühe Chansons und Theatertexte an Pfadfinderabenden aufgeführt.[3] Ab der zweiten Hälfte der 60er-Jahre wurden seine Lieder einem breiteren Publikum bekannt: 1966 erschien die erste seiner insgesamt vier EPs. Ab dem Jahr darauf trat er auch live auf; zuerst als Mitglied der Formation *Berner Troubadours,* ab 1971 dann mit eigenem abendfüllendem Programm.[4]

Sowohl die Platten als auch die Auftritte charakterisiert ein reger Wechsel von Themen und Stimmungslagen.[5] Manche Lieder funktionieren als humoristisch-absurde Alltagsminiaturen: Ein Kunde erblickt in den sich reflektierenden Spiegeln eines Friseurladens seinen Kopf vervielfacht und ergreift vor Schreck die Flucht. Einer soll bei einer Behörde vorstellig werden, verirrt sich aber in den dortigen Gängen und geht verschollen.[6] Andere Stücke bestehen aus aberwitzigen Kleinerzählungen: Ein Inuk spielt so laut Cembalo, dass ihn ein

---

3 In Matters Nachlass, der in der *Schweizerischen Nationalbibliothek* aufbewahrt wird, finden sich breite Materialien zu Gedichten und Theaterszenen, die er für Pfadfinder-Abende geschrieben hat (Signatur *A-03*). Stephan Hammer verzeichnet in seiner Dissertation (2010, S. 115 f.) zwei Dutzend Matter-Texte, die zwischen 1953 und 1965 in der Pfadfinderzeitschrift *Hallo* erschienen sind.

4 Das erste eigene Programm trug Matter auf Einladung Emil Steinbergers im Oktober 1971 im Kleintheater Luzern vor. Es folgten bis zum Herbst des folgenden Jahres, in dem Matter verunfallte, rund hundert Auftritte in der ganzen Deutschschweiz – vgl. die Biografie von Wilfried Meichtry (2013, S. 254 f.).

5 Auch die Editionen der Nachlasstexte entsprechen « Matters Wunsch, die Gattungen kunterbunt zu mischen » (vgl. das Vorwort von Guy Krneta in Wke, S. 7–12, hier 11).

6 *Bim Coiffeur* (LB1, S. 56 f.), *Är isch vom Amt ufbotte gsy* (LB1, S. 16 f.).

Eisbär hört und frisst. Die Aufführung des *Wilhelm Tell* in einem Provinzlokal endet anstelle der Gründung der Eidgenossenschaft in einer Saalschlacht.[7]

Manche Lieder reflektieren eher abstrakt: Beruht die bunte Traumwelt von Reklamen auf der Annahme, dass das Leben eigentlich trist und leer ist? Ein anderes Stück formuliert eingängig: Jenen, denen es gut geht, ginge es besser, ginge es auch jenen besser, denen es weniger gut geht.[8] Wiederum andere Chansons entwerfen groteske Szenarien: Eines erzählt von einem Geiger, der im Krieg sein Instrument und alle seine Gliedmaßen verloren hat. Sein Spiel findet nur noch virtuell statt, als Abfolge nicht mehr möglicher Gesten. Ein wiederum anderes reiht traumartig-surreale Szenerien aneinander: Eine Straßenbahn fährt zum Himmel, ein Polizist legt ein Ei, ein Stier entspringt einer Bratpfanne.[9] Verbunden werden diese Bilder nur durch ein rhetorisches Spiel.[10]

All diese Lieder haben gewisse Ähnlichkeiten: Sie drehen sich meistens um alltägliche Themen und haben oft einen surrealen, manchmal auch düsteren Touch.[11] Ihre Form und

---

7 *Dr Eskimo* (LB1, S. 22 f.), *Si hei dr Wilhälm Täll üfgfüert* (LB1, S. 12 f.).

8 *Farbfoto* (LB2, S. 37 f.), *Dene wos guet geit* (LB1, S. 20).

9 *Us emene lääre Gygechaschte* (LB1, S. 63), *Ds Nünitram* (LB1, S. 54).

10 *Ds Nünitram* beruht auf einer Reihe wörtlich verstandener Metaphern: Als die Tram zum Himmel fährt, jagen jaulende Hunde einem Polizisten *Hühnerhaut* ein, worauf er ein Ei legt. Eine Frau brät das Ei als *Stierenauge* (Spiegelei), worauf der Pfanne ein Stier entspringt. Dieser wird zum titelgebenden Tram und kehrt in das Depot zurück. Auch die Verwandlung des Stiers kann man als wörtlich verstandenes Sinnbild verstehen: Der Stier steht in der griechischen Mythologie metaphorisch für die Bewegung der Himmelskörper. ‹Metapher› bedeutet wörtlich ‹verschieben›; ‹Transportmittel› heißt auf Griechisch daher ‹Metapher›. Vielleicht erklärt dies, dass der Stier als Metapher bei Matter zur Tram wird.

11 Kurt Marti spricht in der Radiosendung über *Mani Matter und seine Nachfolger* von 1970 (2011 auf CD) in diesem Zusammenhang davon, «wie uhei-

Tonlage ist aber ganz unterschiedlich: mal der witzigen Beobachtung, dann des freien Fabulierens, mal der nüchternen Überlegung, dann der melancholisch-grotesken Fantasie. Dass sie trotz ihrer Verschiedenheit allesamt als Mani-Matter-Lieder zu erkennen sind, hat neben dem Inhaltlichen auch mit sprachlichen Eigenschaften und der Art zu tun, wie sie vorgetragen wurden.

Poetik und Imago allgemein

Sprachlich liegt der Wiedererkennungswert von Mani Matters Liedern in einer ganz bestimmten, dichterisch höchst raffinierten Verwendung des Dialekts. Berndeutsche Mundartlyrik war bis dahin traditionell eher heimattümelnd-idyllisch. Die Wärme, die man mit dem Klang des Berner Dialekts verbindet, verschwindet bei Matter nicht prinzipiell. Wie andere progressive Schweizer Dialektdichtungen seiner Zeit meiden seine Texte aber antiquierte Ausdrücke. Sie bewegen sich nahe an der alltäglichen Umgangssprache.

In diesem lockeren und schnörkellosen Ton ist bei Matter auch Raum für Neologismen und Fachbegriffe, die oft Material für witzige Wendungen und Reime abgeben.[12] Sprachlich

---

melig ds Heimelige» *(wie unheimlich das Heimelige)* in Mani Matters Liedern sein könne.

12 Früh hat sich der Schweizer Germanist Dieter Fringeli mit dem Umbruch in der Schweizerischen Dialektdichtung beschäftigt. Mehrere seiner Texte aus den 60er-Jahren finden sich in der Sammlung *Mach keini Schprüch* (1972, 1981 in erweiterter Ausgabe). Einer ausführlichen Darstellung der Modernisierung der Schweizer Mundartlyrik unter anderem bei Kurt Marti und Eugen Gomringer widmet sich Christine Wirz in ihrer Lizentiatsarbeit über Mani Matter (vgl. das Kapitel «modern mundart – der neue Mut zum Dialekt» in Wirz 2002, S. 18–36). Als Beispiele der Flexibilität von Matters Dichtung nennt sie (ebd., S. 50, 52) etwa das Wort ‹ dialäktik › im Lied *Betrachtige über nes Sändwitsch* (LB2, S. 18) oder die Wendung «bi straf im unterlassigsfall» in *Är isch vom Amt ufbotte gsy* (LB1, S. 16 f., hier 16). In literaturgeschichtlich

betreibt Matter die Reduktion auf kürzestmögliche Formulierungen, in denen ein enormes Sprachgefühl und ein großer Sinn für Lakonik zum Ausdruck kommen. In ihrer Knappheit verschränken sich Eingängigkeit und Vieldeutigkeit: Gerade weil man sie sich aufgrund ihrer Einprägsamkeit wieder und wieder durch den Kopf gehen lassen kann, fallen einem immer wieder neue Dinge auf.

Mit dem anheimelnden Klang des Dialekts korrespondiert die Wärme von Matters sonorer Stimme und der Ton seiner akustischen Gitarre. Sie machen den Matter-Sound ganz maßgeblich aus. Die Modulation von Stimme und Gitarrenspiel stützt zugleich den ganz unterschiedlichen Gestus der Stücke: Mal zeigt sich Matter schalkisch, singt schnell, zupft die Saiten flink. Dann intoniert er die Worte, höflich-konziliant oder versonnen, ruhiger, gibt dem Volumen von Stimme und Instrument Raum. Seine Stimme erreicht recht tiefe Tonlagen, in denen die Texte lakonisch-düstere Pointen setzen können. In einer leicht brüchigen Heiserkeit in höheren Tonlagen dagegen klingt sie empfindsam, manchmal auch offen ratlos.[13]

---

breiter Perspektive widmet sich der Frage von Dialekt und Hochsprache in der Schweizer Literatur der Band *dialÄktik* von Simon Aeberhard, Caspar Battegay und Stefanie Leuenberger (2014).

13 Eine ähnliche Spannweite zwischen einem eingängigen Grundprinzip und dessen komplexer Variabilität betont Urs Frauchiger mit Blick auf die Rhythmik von Matters Vortrag. Obwohl in den Melodien simpel, stellt er fest: « Manis Musik kann nicht notiert werden. Wir haben es zusammen abendlang versucht. Hätten wir dieses Beispiel *[Är isch vom Amt ufbotte gsy]* so notiert, wie er es sang und spielte, es wäre eine Partitur daraus geworden, die an Komplexität den Notationen avantgardistischer Komponisten kaum nachgestanden hätte» (Hohler 1977/1992, S. 100–106).

Zu Sprachstil und Klang der Lieder kommt Matters Auftreten: Hochgradig wiedererkennbar, nach Art des schon frühen Vorbilds Georges Brassens, spielt und singt er bei spärlicher Bühnenausstattung in Hemd und teils Jackett. Anders als manche Liedermacher und Singer-Songwriter seiner Zeit gibt er sich weder betont hemdsärmelig noch dandyhaft-extravagant: Man kann sich vorstellen, dass Matter im juristischen Berufsalltag ähnliche, vielleicht teils dieselben Kleider trug wie auf der Bühne; förmlich, aber nicht allzu zugeknöpft. Im Bürojackett hängt noch eine Note von Existenzialismus und Zigarettenrauch aus einem Kellerlokal der Pariser Rive Gauche.

Eine ähnliche Spannung prägt auch Matters Schnauzbart. Über ihn hat er in einem Interview mit Franz Hohler gesprochen: Einen Schnauz habe schon sein Großvater getragen, Oberbetriebschef der Schweizerischen Bundesbahn. Im Unterschied zu diesem frisiere er ihn aber nicht streng.[14] Auch hierin also liegt eine gewisse Dialektik zwischen Ordentlichkeit und Eigensinn. (Beim Gesichtsausdruck spielen überdies Matters markante Augenbrauen eine Rolle: Sie geben dem Gesicht als Ganzem seine Prägnanz und verstärken die unterschiedlichen Mienen. Leicht gesenkt, betonen sie eine nachdenkliche oder scharfsinnig-kritische Haltung, gehoben, un-

---

14 Sehr anschaulich erinnert sich Matter: «Mein Großvater war ein sehr energischer Mann [...]. Er trug auch einen schwarzen Schnauz, allerdings ein Schnauz, der an den Enden gezwirbelt war [...]. Er hielt immer darauf, daß wir anständig gekämmt sein sollten, und ich erinnere mich noch, wie er jeweils zum Kamm griff und uns selbst die Haare kämmte, da lief einem immer das Blut im Haarboden zusammen.» (Hohler 1977/1992, S. 8) – Das Gespräch führte Hohler für eine Sendung für den Westdeutschen Rundfunk (deshalb auf Hochdeutsch). Erstmals wurde es in seinem Band *Fragen an andere* (1973) abgedruckt. Die Tonaufnahme fand in Auszügen in Gedenksendungen Verwendung (angefangen bei Hohlers Fernsehbeitrag zum ersten Todestag) und wurde 2011 in voller Länge auf CD veröffentlicht *(Fragen an Mani Matter)*.

terstreichen sie die Witzigkeit des Vortrags oder geben einer einfühlsamen Arglosigkeit des Blicks Ausdruck.)

Saß man Anfang der 70er-Jahre in einem Soloprogramm, wusste man gewöhnlich auch schon das eine oder andere über ihn: aus Artikeln, Radiobeiträgen und Interviews, manches erfuhr man auch in den Conférencen zwischen den Liedern. So war zu lesen, dass Matter seine Lieder zuerst bei Pfadfinderabenden gespielt und dort auch den Spitznamen ‹ Mani › bekommen hatte. Man mochte ungefähr über seine politischen Aktivitäten im *Jungen Bern* und seine Arbeit als juristischer Beamter im Bild sein. Es war bekannt, dass Matter verheiratet und Vater dreier Kinder war. Ebenfalls konnte man ihn in Bezug auf die Auftritte und die Freundschaften mit den *Berner Troubadours* ungefähr in einen künstlerischen Zusammenhang einordnen.[15]

Auch das Wissen um solche biografischen Aspekte kann die Art und Weise mitprägen, wie man Matters Lieder hörte und hört.[16] Denn mit diesen unterschiedlichen Seiten seiner

---

15 Unter der Signatur *D-04* findet sich im Nachlass im *Schweizerischen Literaturarchiv* eine umfangreiche Sammlung von Presseartikeln über Matter, die zeigt, dass Matters Auftritte schon Ende der 60er-Jahre in allen auch großen Zeitungen besprochen wurden (NZZ, Bund, Weltwoche, Basler Nachrichten etc.). Christine Wirz gibt in ihrer Studie schlaglichthafte Einblicke in diese Artikel (Wirz 2002, S. 119–130).

16 Für das Matter-Bild nach dessen Tod waren das Erinnerungsbuch Franz Hohlers (1977) und Gedenksendungen des Schweizer Radios (1973, auf CD 2002) und Fernsehens (1973 und 1992) besonders prägend. Die aktuellsten biografischen Darstellungen sind der Dokumentarfilm von Friedrich Kappeler (2002) und die Matter-Biografie von Wilfried Meichtry (2013). Diese beiden reichen in Privatbereiche hinein, die Matter in seiner öffentlichen Darstellung wohl bewusst ausgespart hatte: Man muss hier also zwischen späteren Matter-Bildern und Formen einer – auch damals schon immer offenen und verschieden aufgefassten – ‹ ursprünglicheren › Imago als Bezugspunkt der Lieder unterscheiden.

Person lassen sich die verschiedenen Themen und Tonlagen der Lieder in Verbindung bringen: Die Gewissenhaftigkeit seiner Haltung und die lakonische Knappheit seiner Formulierungen lassen an den Juristen denken, das Spitzbübische und der Gemeinsinn an den ehemaligen Pfadfinder. Eine Mischung aus höflicher Zurückhaltung und hintersinniger Ironie spiegelt Habitusformen des Berner Mittelstands. Wärme und moralische Konsequenz lassen an den Familienvater denken, Ehrlichkeit und Umsicht an den Freund, die schnelle und scharfe Auffassungsgabe an den Akademiker und den politischen Strategen.

Dieses Erscheinungsbild ist weder ganz fix abgezirkelt noch müssen die Assoziationen dem realhistorischen Hans Peter Matter eins zu eins entsprechen: Das Publikum setzt sich eine Art Imago ‹ Mani Matter › aus jenen Teilen seiner Persönlichkeit zusammen, die der Sänger öffentlich von sich zeigte.[17] Eine solche Imago kann eine ähnliche Doppelfunktion erfüllen wie die Verwendung des Dialekts, die Modulation der Stimme und das Konzept des Auftritts: Einerseits gibt sie der Vielgestaltigkeit der Lieder Ausdruck, der Verschiedenheit der Themen und Stimmungslagen. Andererseits zeigt sie zugleich ihre charakteristische Einheit an: Die Lieder sind Teile eines Werks, so wie die verschiedenen Eigenschaften ein und derselben Person zugehören.

---

[17] Die Informationen rund um ein Kunstwerk bezeichnet die Literaturwissenschaft mit einem Begriff Gérard Genettes (1982) als ‹ Paratexte ›. Den Bühnenauftritt kann man mit Blick auf Aspekte des ‹ Performativen › untersuchen, die unter anderem Erika Fischer-Lichte (2004) umreißt. Darüber, weshalb das Bild, das eine Künstlerin oder ein Künstler in der Öffentlichkeit von sich entwirft, in populärer Musik zur Bedeutungsstruktur beiträgt, schreibt prominent Diedrich Diederichsen (2014, S. 57–72).

Natürlich ist diese Imago nicht am Reißbrett entstanden: Matter arbeitete auch mit dem Zufälligen seines Aussehens und seiner Biografie, und dies teils vermutlich auch unwillkürlich. Bewusst hielt Matter aber manches zurück: Viele der frühen Chansons, vornehmlich Liebeslieder, spielte er vor größerem Publikum nicht mehr. Sie entsprachen seinem dortigen künstlerischen Selbstverständnis nur noch bedingt.[18] Bei den Auftritten mit den *Berner Troubadours* sprach er zwischen den Liedern kaum. Im eigenen Programm gab es dann längere Conférencen.[19] Hier wie in Interviews zeigte er sich offen, erzählte auch Biografisches. Schwierige Erfahrungen der Jugend sparte Matter aber aus. Sie waren für das Funktionieren der Auftritte nicht wesentlich, hätten eine ihm vielleicht auch unangenehme Nähe hergestellt.[20]

Mani Matters Imago trägt so zum Rahmen bei, in dem man die Lieder hört. Dieser Rahmen entwickelte und veränderte sich. Auch manches, was nach Matters Tod erschienen ist, kann man ihr zurechnen: In den Tagebuchaufzeichnungen (später in Auswahl unter dem Titel *Sudelhefte* veröffent-

---

[18] Bei einer Conférence, die auf dem Live-Mitschnitt seiner Auftritte vom Sommer 1972 im *Theater Fauteuil* in Basel enthalten ist (LP *Ir Ysebahn,* 1973), erzählt Matter, dass er diese frühen Lieder mit der Ausnahme des dann folgenden *Ds Lotti schilet* (LB3, S. 10 f.) nicht mehr singe. Einige dieser Chansons sind in der Abteilung ‹Liebesgeschichtenlieder› im dritten Liederbuch *Einisch nach eme grosse Gwitter* (LB3, S. 8–22) enthalten.
[19] Zu den Conférencen bei den Auftritten mit den *Berner Troubadours* und mit eigenem Programm vgl. Hammer 2010, S. 309 bzw. 316.
[20] So erwähnt Matter etwa den frühen Tod seiner Mutter in keinem der Interviews, auch nicht in dem langen Gespräch mit Franz Hohler, in dem er sonst ausführlich über seine Kindheit und Jugend spricht. Dass es sich um eine äußerst einschneidende Erfahrung gehandelt haben muss, wird aus den Erzählungen seiner Schwester in Friedrich Kappelers Dokumentarfilm *Mani Matter – Warum syt dir so truurig?* (2002) deutlich. Auch die Biografie von Wilfried Meichtry (2013, S. 56–61) stellt diesen Lebensabschnitt ausführlich dar.

licht) spielt die Idee ihrer Publikation schon eine Rolle.[21] Auch viele weitere Gedichte, Prosa- und Dramenentwürfe Matters, die mittlerweile gedruckt bzw. von anderen eingesungen worden sind, sind von ihm wohl nur wegen des frühen Tods nicht selbst veröffentlicht worden.[22]

Auch nicht in die Kategorie des bewusst Zurückgehaltenen gehören die wissenschaftlichen und publizistischen Schriften: Sowohl seine Dissertation als auch mehrere politische Artikel veröffentlichte Matter zu Lebzeiten unter bürgerlichem Namen. Teil der Sänger-Imago ‹Mani Matter› sind sie aber trotzdem nur bedingt: Ein ungefähres Wissen um seine Tätigkeiten in der Wissenschaft und als Beamter bestand beim Publikum, eine genauere Kenntnis über die Themen, mit denen er sich dort beschäftigte, aber kaum. Seine theoretischen Gedanken sind jedenfalls nicht nötig, um die Lieder zu verstehen.

Auch nichtkünstlerische Texte Matters können im Hinblick auf seine Chansons aufschlussreich sein: In den *Sudelheften* zeigt sich eine große Breite an literatur- und geistesgeschichtlichen Lektüren.[23] Auch hat er sich über Jahre wieder

---

21 In seinen Tagebuch-Aufzeichnungen, die kaum Privates enthalten, sondern als eine Art Gedanken- und Aphorismensammlung funktionieren, notiert Matter den « Plan zu einem Buch voll derartiger (wie sie hier sind) Aufzeichnungen » unter dem Titel « Sudelhefte » (Sh, S. 32) sowie den Plan für das « Rumpelbuch » (vgl. S. 119).

22 Dies sind die zwei weiteren Liederbücher *Warum syt dir so truurig?* (1973) und *Einisch nach eme grosse Gwitter* (1992), das *Rumpelbuch* (1976) mit Kurzprosa, Gedichten und Dramentexten und der Band *Was kann einer allein gegen Zen Buddhisten* (2016) mit Gedichten, Kurzprosa, theoretischen Überlegungen und Dramenentwürfen. Die *Troubadours*-Kollegen Jacob Stickelberger und Fritz Widmer spielten auf *Dr Kolumbus* (1977) unveröffentlichte Stücke Matters, 1989 folgte die gemeinsam mit ihm geschriebene ‹ Minioper › *Kriminalgschicht.*

23 Als wichtige Bezugspunkte nennt Matter in den *Sudelheften* unter anderem Brecht (Sh, S. 24), Ringelnatz (S. 29), Lichtenberg (S. 50), Montaigne

und wieder mit Fragen der sprachlichen Verknappung beschäftigt.[24] Die vordergründige Einfachheit der Lieder war folglich das Ergebnis einer langen Auseinandersetzung mit dichterischen Stilfragen. In ähnlichem Sinn lohnt sich auch ein Blick auf zeitgeschichtliche Umstände und auf Matters politische Überlegungen: Auch sie können zum Verständnis beitragen, auf welcher Grundlage seine Lieder entstanden sind, wie sie ‹gemacht› sind.

Diesen politischen Zusammenhängen möchte ich mich über ein in den Liedern häufig wiederkehrendes Motiv nähern: die Darstellung unterschiedlicher Formen von Konflikten und Gewalt.

Motive der Gewalt

Angesichts der Witzigkeit vieler von Mani Matters Texten und der Konzilianz seines Auftretens bricht in seinen Liedern erstaunlich oft Gewalt aus: Nicht nur das Stück über die Aufführung des *Wilhelm Tell* endet in Blut und Tumult, nicht nur der grönländische Cembalist stirbt einen frühen Tod: Beleidigungen, Verwüstung und Handgreiflichkeiten spielen in vielen von Matters Stücken eine Rolle; in unterschiedlichsten Zusammenhängen, Größenordnungen und Tonlagen.

(S. 74), Musil (S. 75) und, am häufigsten, Hohl (u.a. S. 20, 21, 47, 48, 103, 106).

24 Schon in den späten 50er- und frühen 60er-Jahren notiert Matter Überlegungen zu einem Stil der «Einfachheit» (Sh, S. 17). «[G]ut geschrieben ist etwas dann, wenn jedes Wort (notwendig ist, d.h.) die Sache sagen hilft und möglichst einfach sagen hilft (‹die Sache einfach sagen› nicht zu verwechseln mit ‹eine einfache [banale] Sache sagen›!)» (Sh, S. 22). Nicht der simple Stil alleine verbürgt also einen solchen Stil: «Was wäre denn leichter lesbar als abgeschliffene Redensarten, was flüssiger zu schreiben als Banalitäten? Was jedem längst bekannt ist, ist leicht lesbar, neue Sätze wollen genau gelesen sein. [...] Und doch soll es möglichst einfach geschrieben sein» (Sh, S. 26).

In manchen frühen Chansons trägt Gewalt absurde, teils witzige Züge. Auf der ersten EP von 1966 schickt Matter gleich zwei Künstlerfiguren in einen frühen, brutalen Tod: Auf die Geschichte vom ‹ Eskimo ›, der von einem Eisbären gefressen wird, folgt jene des minnesingenden Katers Ferdinand: Ihn erschlägt der spießige Herr Brändli mit einem Nachttopf. Beides wird fröhlich vorgetragen. Im ersten Lied heißt es schulterzuckend, Kunst sei « geng es risiko ».[25]

Anders als es die heitere Formulierung erwarten lässt, beschäftigte sich Matter sehr ernsthaft mit der Frage einer Künstlerexistenz: Mitte zwanzig schreibt er in den Tagebüchern vom Künstlerleben als einem « Wunschtraum seit langem ». Er sehe, « daß das Risiko des Schreibens gut ist, dass das Leben Risiko braucht: ich muß abstoßen, um irgendwo landen zu können.»[26] Zugleich ist Matter ein mit solchem Risiko verbundenes Künstlerpathos fremd: Macht sich nicht in gewissem Sinn auch zu einfach, wer sich ganz der Kunst verpflichtet? Wird man damit den Anforderungen des Lebens gerecht? Entsteht so zwingend die bessere Kunst?[27]

---

25 *Dr Eskimo* (LB1, S. 22 f., hier 22): Kunst bedeute *stets ein Risiko.*
26 Sh, S. 39.
27 Die Auseinandersetzung mit Fragen des Künstlertums läuft maßgeblich über die Auseinandersetzung mit dem Werk Ludwig Hohls. Dieser hatte Leben und Kunst demselben ‹ Prinzip der Arbeit › unterworfen (vgl. dazu Rothenbühler 2004), wofür sich Matter früh interessiert. Später entwickelt er zu Hohls Künstlerethos eine gewisse Distanz: « Da nach Hohl das Leben von A bis Z Arbeit sein soll, [...] gewinnt er zwar die Befriedigung eines alles umfassenden Begriffs, setzt sich aber außerstande, das Gleichgewicht zu diskutieren [...], um die verschiedenen Formen seiner ‹ Arbeit › [...] zueinander ins Verhältnis zu setzen.» (Sh, S. 112) – Zur insgesamt weiterhin aber intensiven Auseinandersetzung mit Hohls Schriften (und dessen später nicht minder begeisterten Lektüre der postum veröffentlichten Tagebücher Matters) vgl. den Aufsatz von Johannes Künzler (2004).

Eine schlichte Formel zum Verhältnis von Kunst und Leben ergibt sich in den Tagebüchern aus diesen Fragen nicht. Auch die Lieder weisen sowohl das Künstlerpathos wie eine dazu gegenteilige Moral zurück: Am Ende des *Eskimo*-Lieds heißt es flapsig-absurd, wer nicht von einem Eisbären gefressen werden wolle, solle sich bloß kein Cembalo kaufen. Und beim erschlagenen Ferdinand kann man sich damit trösten, dass der singende Kater großen Nachwuchs gezeugt hat (der den Finsterling Brändli mit weiteren Liebesliedern drangsalieren mag).[28] Auch die Nonsens-Gewaltszenarien der frühen Lieder können jedenfalls aber mit durchaus ernsthaften Überlegungen zusammenhängen.

Solche Überlegungen betreffen im Folgenden nicht nur das Künstlertum, sondern die Frage einer Existenz jenseits bürgerlicher Normen im Allgemeinen, und hier wird der Ton ernster: Das Lied über den Sonderling *Dällebach Kari,* der aufgrund einer Gesichtsdeformation verspottet wird, zeichnet auf präzise Weise Dynamiken der Fremd- und Selbstmarginalisierung nach. Dällebach Kari reagiert auf den Hohn, indem er selber Witze reißt; so lacht man eher mit ihm als über ihn. Als ihm keine Witze mehr einfallen, kollabiert die Bewältigungsstrategie: Der Verspottete begeht Selbstmord.[29]

Die Erscheinungsform von Gewalt wird in solchen Liedern differenziert. Sie zeichnen den Charakter kollektiver Zwänge nach: Die Hauptfigur eines anderen Lieds lässt sich ihre un-

---

28 *Dr Ferdinand isch gstorbe* (LB1, S. 26 f., hier 27): «so het är ou am gröschte / nachwuchs ds läbe gschänkt / das tuet eim albe tröschte / wo a sys stärbe dänkt». *(So hat er auch dem größten / Nachwuchs das Leben geschenkt / das kann einen dann trösten / der an sein Sterben denkt.)*
29 Das Lied *Ballade (Dällebach Kari)* (LB2, S. 34 f.) war Titelstück des Films *Dällebach Kari* (1970) von Kurt Früh und wurde 1972 auf der Matter-EP *Betrachtige über nes Sändwitsch* veröffentlicht.

gestalte Nase operieren. Nachdem ihr damit aber auch der sprichwörtliche Lebensinstinkt abhandengekommen ist («dr nase na»),[30] läuft sie unter ein Auto. Ein weiteres Chanson erzählt von der Angst, Leute könnten über einen lachen: Weil die Furcht, sich lächerlich zu machen, ihrerseits bizarre Züge annimmt, greift diese Angst immer weiter um sich.[31]

Den Matter'schen Figuren setzt insbesondere auch bürokratische Anonymität zu: Ähnlich wie bei dem in *Är isch vom Amt ufbotte gsi* kafkaesk in einem Amtsgebäude Verschollenen verhält es sich im Lied *Dr Gloon*. Es erzählt von einem Mann, dem der Respekt vor Autoritäten fehlt. Wie Dällebach Kari reißt er untertags Witze, bekommt aber zu spüren, dass an Clowns kein Bedarf mehr ist: Er versinkt in Schrulligkeit und Melancholie und verdingt sich als Steuerbeamter.[32]

Dies ist nur eine Seite der Figuren des Gewöhnlichen in Matters Liedern. Oft funktionieren sie eher versöhnlich, indem sie an den Tücken des Alltags scheitern: Sie können das Geld nicht wechseln, das sie für den Parkingmeter brauchen, weil sie dafür erst parken müssten. Sie kaufen eine zu teure Brieftasche, sodass ihnen dann Geld fehlt, das sie hineinlegen könnten. Nachdem sie den Zug verpasst haben, studieren sie

---

30 *D'Nase* (LB1, S. 24 f., hier 25): «doch bim heigah het ihm äbe / d'richtig gfählt dr nase na / är isch schreg uf d'strass het ds läbe / under emnen outo gla». *(Doch auf dem Nachhauseweg hat ihm dann eben / die Richtung der Nase nach gefehlt / er ging schräg über die Straße und hat sein Leben / unter einem Auto gelassen.)*
31 *Dr eint het Angscht* (LB1, S. 60 f., hier 61): «es isch im grund ja / grad das zum lache / dass si geng angscht hei / dass öpper chönnt lache». *(Es ist im Grunde ja / gerade das zum Lachen / dass sie ständig Angst haben / dass jemand lachen könnte.)*
32 *Dr Gloon* hat Matter zwar in Liederbuch *Us emene lääre Gygechaschte* aufgenommen (LB1, S. 34 f.), vertont erschien das Stück aber erst, von Jacob Stickelberger gesungen, auf der LP *Dr Kolumbus* (1977).

den Fahrplan – und verpassen dabei die nächste Abfahrt.[33] In den Stücken mit Außenseitermotivik verliert das Normale seine Unschuld: Alltagsmenschen treten hier als feindselige Spießer auf, als Vertreter eines Kollektivgeists, der Abweichung und Originalität erstickt.[34]

In interessanter Weise zeigt das Lied *Dr Noah* beide Seiten des Gewöhnlichen. Während der biblische Held seine Arche baut, tun ihn die anderen als Spinner ab. Das scheint, wie es im Lied heißt, verständlich. Jede Strophe endet mit den Worten: «und me begrYfft dass d'lüt hei gseit: däm ma däm spinnts».[35] Noch als Noah die Tür des Schiffs schließt, ‹holeien› sie draußen *(johlen dumm)*. Als die Flut dann steigt, flehen sie kläglich um Einlass. Als sie schließlich verstummen, endet das Lied mit dem Klang einer gezupften hohen Saite: ein Schulterzucken über die Dummheit der Menschen? Oder doch eher ein Fragezeichen, ob die Auslöschungsfantasie nicht etwas weit geht?[36]

Brutal endet auch *Dr Alpeflug*. In dem Lied kriegen sich der Pilot eines Kleinflugzeugs und sein einziger Passagier in die Haare. Der hinten schreit, das Benzin gehe bald aus, der vorn gibt zurück, er verstehe im Motorenlärm nichts. Der Hintere brüllt immer verzweifelter, der Vordere bleibt ratlos. Schließlich stürzen sie ab. – Trägt der Passagier durch sein

---

33 *Dr Parkingmeter* (LB1, S. 50 f.), *Ds Portmonee* (LB1, S. 48 f.), *Dr Mönsch isch wi dä* (LB1, S. 9).

34 Damit verfährt Matter hier nach dem traditionsreichen Muster der schon aufklärerischen, dann romantischen Philister- bzw. Spießerkritik (vgl. dazu literaturgeschichtlich Bosse 2011).

35 LB1, S. 37: *Und man kann verstehen, dass die Leute gesagt haben: Dieser Mann spinnt.*

36 Wie Paul Bernhard Rothen in seinem Buch über religiöse Bezüge in Matters Werk anmerkt, taucht Gott in dem Lied nicht explizit auf (Rothen 2013, S. 20). – Mich dünkt, dass die Weglassung des göttlichen Urteils die moralische Unklarheit bezüglich der Ertrinkenden steigert.

Schreien mit dazu bei, dass der Pilot nicht bemerkt, dass das Benzin ausgeht? Geht es darum, dass sich die beiden zunehmend mehr auf die Reaktion des anderen als auf ihre gemeinsame Lage beziehen? Oder ist die Pointe, dass man auch selber beim Zuhören keine eindeutige Lösung findet?[37] – Auch in diesem Lied bleiben die Fragen offen.

Andere Chansons konzentrieren sich weiterhin ganz auf komische Aspekte von Gewalt: Einer der sprachspielerischen Höhepunkte von Matters Schaffen ist das Lied über einen Boxkampf. Der erste Satz, lakonisch dumpf gesungen, fasst die ganze Handlung schon zusammen: «zwee boxer im ring / gäh nang uf e gring».[38] Die Schilderung des Geschehens gestaltet sich aber dann äußerst dynamisch, indem Matter aus dem Schlagabtausch eine Kaskade witziger Lautmalereien entwickelt.[39]

Auch Beleidigungen entfalten bei Matter sprachspielerisches Potenzial: In *E Löu, e blöde Siech, e Glünggi un e Sürmu* beleidigen sich die vier titelgebenden Deppen wechselseitig: Der ‹Glünggi› sagt dem ‹Löu›, er sei ‹e blöde Siech›, worauf der ‹Löu› sich bei dem ‹Sürmu› beklagt, der ‹Glünggi› sei ein ‹Sürmu› etc. Als dann der ‹Löu› bezichtigt wird, er

---

37 *Dr Alpeflug* (LB2, S. 41 f.).

38 *Boxmätsch* (LB1, S. 46 f., hier 46): *Zwei Boxer im Ring / geben sich auf die Rübe.*

39 In den vier Strophen (bzw. Runden) à vier Paarreimen des *Boxmätsch* erfährt man weiter: «de plötzlech machts päng / me fragt sech öbs läng» (*dann plötzlich macht es ‹päng› / man fragt sich, ob's reicht*). Dann in der zweiten Strophe lakonisch: «jitz wider e rung / tätschpum, das isch gsung» (*jetzt wieder eine Runde / ‹tätschpum›, das ist gesund*). In der dritten Runde: «da plötzlech machts bong / u das isch dr gong» (*da plötzlich macht's ‹pong› / und das ist der Gong*) – auch eine Pointe: Obwohl als Wort seinerseits schon lautmalerisch, macht der Gong dem Reim zuliebe nicht ‹gong›, sondern ‹pong›. Und zum Schluss, wieder nicht ohne Ironie: «und jitz isch k. o. / bravo!» (*und jetzt das k. o. / bravo!*).

sei ein ‹ Löu ›, eskaliert die Situation, die vier verprügeln sich gegenseitig.[40]

All diese Stücke erzählen davon, wie sich unbemerkt schwelende Aggression unversehens Bahn bricht. Bei den Liedern mit Außenseiterthematik hängt die Gewalt mit gesellschaftlichen Schieflagen zusammen, in den witzigen Stücken spielt die Unvernunft der Figuren eine wichtige Rolle. Weder die sozialen Probleme noch die Frage der Unvernunft werden aber nach einer einfachen Formel aufgelöst. In seinem *Cambridge-Notizheft* kommt Matter zum Schluss, auch eine ganz und gar rationale Lebenshaltung sei letztlich eine Illusion, und zwar eine gefährliche: Zu große Nüchternheit zeitige rein instrumentelles, sinnleeres Denken und Handeln.[41]

Wer sich als ganz und klar rationales Wesen versteht, versteht sich nicht. Einer der schönsten Sätze aus dem Tagebuch lautet: «‹ Erwachsene ›, wie wir sie uns als Kinder vorstellen, gibt es nicht. Es gibt nur Erstarrte – im schlechteren Fall – und Kinder.»[42] Die Einsicht, dass es die ganz und gar vernünftig-souveränen ‹ Erwachsenen › nicht gibt, dass die Unvernunft ihr eigenes Recht hat, legt den Grund für Matters Vorliebe für Literaturen des Absurden.[43]

---

40 LB2, S. 26.

41 Als Folge reiner Vernünftigkeit sieht Matter «lebensverneinende Askese oder platten Sensualismus, bare Verzweiflung oder krampfhafte Überheblichkeit, dürren Rationalismus oder unkritischen Aberglauben» (CN, 105).

42 Dies ein Eintrag aus dem Jahr 1958 (Sh, S. 20).

43 In den *Sudelheften* steht: «Daß Morgenstern Mystiker war und Nonsense-Verse geschrieben hat, ist keineswegs erstaunlich. Der Nonsense ist der Mystik nahe verwandt. Bei Chesterton steht (ungefähr) der Satz: ‹... and those who think that faith is nonsense might one day discover that nonsense is faith.›» (Sh, S. 126) – Das freie Zitat geht auf die Schlusspassage von Chestertons *A Defence of Nonsense* aus der Sammlung *The Defendant* (1901) zurück.

Neben dem Spielerischen ist damit auch das Thema der Verunsicherung über das eigene Selbst verbunden: Das Lied *Bärnhard Matter* über einen historischen Straftäter entwickelt die Fiktion, bei dem titelgebenden Tunichtgut habe es sich um einen direkten Vorfahren des Chansonniers gehandelt. Es erzählt vom kriminellen Werdegang und der Hinrichtung des angeblichen Ahnen und kommt zum Schluss: Auch im Sänger könne dessen böser Geist jederzeit wieder ausbrechen.[44] Und nicht nur in ihm, so die schauerromantische Schlusspointe in Richtung des Publikums: «s chunnt uf ds mal en unggle füre / wo dir nüt heit gwüsst dervo».[45] Anders als beim sprichwörtlichen Onkel aus Amerika, der einem ein Vermögen hinterlässt, taucht dieser Vorfahre zwar auch unverhofft auf, aber weder erst im Nachhinein noch in der Ferne: Sein Erbe schlummert in einem selbst, ist immer schon Teil von einem.

Dieses Motiv der unwillkürlichen Prägung greift auch das Lied *Alls, wo mir id Finger chunnt* auf: Da die Mutter am Tag der Geburt Geschirr zerschlagen habe, werde dem Ich des Lieds (hier in deutlicher Rollenprosa) sein Leben lang alles zerbrechen. Es schwant einem Böses, wenn er von seiner Liebe zu einem «meitschi ganz us porzelan»[46] berichtet: Die metaphorische Zerbrechlichkeit wird hier wörtlich genommen: Er zerquetscht die Frau. Unheimlich ist auch die Entschuldigung des Täters: «i has nid äxtra gmacht»,[47] denn

---

44 LB1, S. 31: «drumm chan i nüt garantiere / was's us mir no alles git / s cha no mängs mit mir passiere / denn da spilt d'vererbig mit». *(Deshalb kann ich nicht garantieren / Was aus mir noch alles werden wird / Es kann noch manches mit mir geschehen / denn da spielt die Vererbung mit.)*

45 LB1, S. 31: Auch bei den Leuten im Publikum könne *plötzlich ein Onkel auftauchen / von dem Ihr nichts gewusst habt.*

46 LB1, S. 29: Er liebt *ein Mädchen ganz aus Porzellan.*

47 LB1, S. 29: *Hab' ich nicht absichtlich gemacht.*

die kindliche Formel wirkt gerade nicht unschuldig. Sie erinnert bedrückend daran, dass man sich seiner selbst letztlich nicht vollkommen sicher sein kann.

Gewalttätigkeit wird bei Matter generell negativ dargestellt. Auch dort, wo sich aus Streit und Prügeln Sprachwitz ergibt, trägt sie lächerliche Züge. Das muss nicht immer moralisch verstanden werden: Das Lustige behält bei Matter immer auch ein Eigenrecht. Die ernsteren und düstereren Lieder zeigen Dynamiken der Gewalt auf, beleuchten ihre unterschiedlichen Gründe und Zusammenhänge. Schlicht ausmerzen lässt sich die Gewalt aber nicht; weder in der Gesellschaft noch dem Menschen überhaupt. Auch wo sie gebannt scheint, lebt sie unterschwellig fort.

Die Sonderlinge und Angestelltenfiguren in Matters Liedern funktionieren daher als Seismografen: Die verdeckten Zwänge, denen sie unterworfen sind, betreffen letztlich alle. Umso mehr geben diese Lieder zu denken: Wie kann man die Gewalt, zumindest vorübergehend, einhegen und kontrollieren? Wie lässt sich das Verhältnis zur Gewalt so gestalten, dass diese zwar zurückgedrängt wird, ihr Potenzial aber bewusst bleibt? Sonst kann sie umso plötzlicher und verheerender wieder ausbrechen.

Diese Fragen spitzen sich in Liedern zu, in denen Matter spezifisch *politische* Gewalt thematisiert.

Politische Gewalt

Allgemeine menschliche und gesellschaftliche Aspekte von Gewalt verschränken sich im Stück *Hemmige*, dem Titellied der dritten EP (1970). Dabei greifen auch der amüsante und der ernste Ton von Matters Chansons ineinander: Das Lied beginnt witzig, indem Nachteile des Gehemmt-Seins aufgezählt werden: Man erfährt sich als ängstlich und verzagt.

Witzig geht es weiter, wenn die These aufgestellt wird, letztlich unterschieden den Menschen vom Affen nur seine Hemmungen (was übrigens die Primatenforschung widerlegt hat).[48] Witzig bleibt der Tonfall, wenn das Lied ausmalt, wie anderenfalls Männer ständig Frauen bespringen würden. Jetzt schauen sie ihnen « doch höchschtens chly uf d' bei».[49]

Solche Bilder männlicher Selbstbeschränkung haben teils an Glaubwürdigkeit eingebüßt, die Schlussstrophe hat aber noch heute ihre Gültigkeit: Hier schwenkt das Lied in einen nachdenklichen Ton und auf eine politische Ebene um. Mit Blick auf das, was der Menschheit gegenwärtig drohe,[50] heißt es: « was me no cha hoffen isch alei / dass si hemmige hei».[51] – *Man kann nur noch hoffen, dass sie Hemmungen haben.*

Dieses ‹ sie › wirkt auf subtile Weise suggestiv: Anders als manche der politischen Liedermacher seiner Generation, klagt Matter nicht mit der dröhnenden Bruststimme der

---

48 Vgl. dazu unter anderem das Buch *Primaten und Philosophen. Wie die Evolution die Moral hervorbrachte* (2008) des Verhaltensforschers Frans de Waal. Dass Schimpansen, anders als es im Lied heißt, auch keinen Schwanz haben, berücksichtigt Matter in der Druckfassung von *Hemmige:* « was underscheidet d'mönsche vo schimpäns / s isch nid di glatti hut d'intelligänz.» (LB1, S. 19: *Was unterscheidet die Menschen von Schimpansen / es ist nicht die glatte Haut, die Intelligenz.*)
49 LB1, S. 19: *doch höchstens etwas auf die Beine.*
50 Die Nachrichten berichten in dieser Zeit unter anderem von der nigerianischen Hungerkrise, dem Vietnamkrieg, der zunehmenden Umweltverschmutzung und dem weiter schwelenden Kalten Krieg. Fritz Widmer berichtet, dass das Lied auf eine Lektüre Matters zurückgehe (1974, S. 13). Wie Ulrich Weber (2021) in einem Zeitungsartikel über die Entstehung des Lieds vermutet, mag diese in Norbert Elias' *Über den Prozeß der Zivilisation* bestanden haben; einer Studie über die Entwicklung der Höflichkeitskultur in der Frühen Neuzeit. (Nach ihrem noch wenig beachteten Erstdruck 1939 wurde Elias' Schrift 1969 in erweiterter Ausgabe neu aufgelegt; Matters Lied erschien im Jahr darauf.)
51 LB1, S. 19.

Selbstgewissen ‹ die Mächtigen › an – als sei völlig klar, wer Schuld an der Weltlage hat. Die Frage nach der Verantwortung ist der Zuhörerschaft aufgegeben: Wie funktionieren die weltweiten Zerstörungsprozesse? Gehen sie von den Regierenden aus? Von der Wirtschaft? Liegt die Verantwortung bei den Bevölkerungen der Industriestaaten? Bei den dort privilegierteren Schichten? Letztlich hier wiederum vor allem bei den Männern, die in der Strophe zuvor als vor allem ‹ hemmenswert › erschienen (und denen damals in der Schweiz das Wahlrecht noch vorbehalten ist)?

Nicht alle politischen Lieder Matters thematisieren manifeste Gewalt: Die *Ballade vom Nationalrat Hugo Sanders* erzählt die Geschichte eines großmäuligen Politikers, der verspricht, dass mit seiner Wahl die Dinge « äntlech anders »[52] werden. Als er nach seinem Wahlsieg an einer Grundsatzrede schreibt, fallen ihm immer weitere Gremien und Institutionen auf, auf die er doch besser Rücksicht nimmt. Schließlich vergeht seine Amtszeit, ohne dass er seine Grundsatzrede gehalten hat.

Hemmungen sind also in politischen Belangen kein alleingültiger Ratgeber: Sie können sich auch aus Sachzwängen ergeben, die dann (jedenfalls von weniger anmaßenden Politikern) doch besser beherzt überwunden würden. Solche unsichtbaren Zwänge thematisiert auch das eingangs kurz paraphrasierte Stück *Dene wos guet geit:*

dene wos guet geit / giengs besser
giengs dene besser / wos weniger guet geit
was aber nid geit / ohni dass's dene
weniger guet geit / wos guet geit

---

52 LB2, S. 14: *endlich anders.*

drum geit weni / für dass es dene
besser geit / wos weniger guet geit
und drum geits o / dene nid besser
wos guet geit.[53]

Das Lied bewegt sich auf der Grenze zum reinen Klanggedicht. Sein Sinn erschließt sich erst in der Wiederholung – dann aber als streng logische Deduktion: Die, denen ein gewisser Wohlstand zukommt, wären glücklicher, wenn es auch den weniger gut Gestellten besser ginge. Weil die Privilegierten Angst um ihren Status haben, ändern sich die sozialen Verhältnisse aber nicht. Und so geht es auch den Gutgestellten nicht besser.

Was folgt daraus? Muss man die, *denen es gut geht,* zu ihrem noch größeren Glück zwingen? Oder lassen sie sich auch gewaltlos überzeugen? (Unter anderem, indem man ihnen das Problem ihrer Verzagtheit mit einem Lied vor Augen führt?)

Ähnlich prägnant führt solche gesellschaftliche Selbstblockierung auch das *Lied vom Kritisiere* vor:

---

53 LB1, S. 20. – Wie Franz Hohler bemerkt, muss eine Übersetzung schon in der ersten Zeile scheitern: «Die Zeile, ‹dene wos guet geit› hat zwei Diphtonge, was einem erst bewusst wird, wenn man sie ins Hochdeutsche übersetzt, ‹guet geit› singt sich besser als ‹gut geht›, gar nicht zu sprechen vom ganzen Vers [...]: ‹denen, denen es gut geht›.» (Vgl. Hohlers Beitrag im Katalog zur Matter-Ausstellung im *Schweizerischen Nationalmuseum,* Meichtry/Meyer 2011, S. 53–62, hier 59.) Trotz dieser Aporien sei vorgeschlagen: *Jenen, den's gut geht / ging's besser / ging's jenen besser / den's weniger gut geht / was aber nicht geht / ohne das's jenen / weniger gut geht / den's gut geht // Deshalb geht wenig / damit es jenen / besser geht / den's weniger gut geht / und deshalb geht's auch / jenen nicht besser / den's gut geht.*

dene wo ir schwyz tüe kritisiere
git me gärn zur antwort: syt doch froh
dass dir hie so dörfet kritisiere
andern orte wär's de nid eso

also höret uf mit kritisiere
seit me dene. darum gäbet acht:
jede het hie d'freiheit z'kritisiere
wenn er's nume ja nid öppe macht[54]

Mit Themen der schweizerischen Identität beschäftigen sich einige der bekanntesten Lieder Matters wie *Si hei der Wilhälm Täll ufgfüehrt* oder *Dynamit.* Ihnen widmet sich der dritte Teil des Essays. Um die Fragestellung für das Weitere erst mal grob zu umreißen, reicht ein Blick auf jene Lieder aus, die man gemeinhin als die ‹politischsten› Matters besprochen hat: Stücke, die kurz vor seinem tödlichen Unfall entstanden sind. In ihnen glaube man eine grundlegende Wandlung von Matters Poetik zu erkennen. Die Rede war von einer ‹Verschärfung› und ‹Radikalisierung› des Tonfalls.[55] Auf die Frage einer solchen Veränderung ist zurückzukommen.

---

[54] *Ds Lied vom Kritisiere* (LB2, S. 16): «Jenen, die in der Schweiz kritisieren / gibt man gerne zur Antwort: Seid doch froh / dass Ihr hier so kritisieren dürft / an anderen Orten wäre das nicht so // also hört auf mit kritisieren / sagt man jenen. Deshalb merkt Euch: / Jeder hat die Freiheit zu kritisieren / Wenn er's bloß nicht etwa tut». Die Erstaufnahme erfolgte 1973 von Rudolf Kaspar gelesen in der Radio-Gedenksendung *Warum syt dir so truurig?* (2002 auf CD veröffentlicht).

[55] Franz Hohler spricht in seinem Porträtband über Matter von einer «Verschärfung des Tonfalls» (Hohler 1977/1992, S. 59), Christine Wirz in ihrer Studie von einer «Radikalisierung» in Matters späten Liedern (vgl. Wirz 2002, S. 114).

Am berühmtesten ist von diesen späten Liedern das Stück *Warum syt dir so truurig* geworden: Von Matter selbst gibt es keine Aufnahme davon, in Einspielungen anderer kam ihm in Gedenksendungen und auf Compilations trotzdem eine zentrale Stellung zu.[56] Inspiriert offenbar von einem Graffito im Zusammenhang der Pariser Studentenunruhen,[57] fragt das Chanson nach dem Grund für die Traurigkeit der Menschen im Alltag. (Auch auf dieses Lied komme ich zurück.)

Eher als auf dieses Stück bezog sich die Annahme einer <Verschärfung> und <Radikalisierung> in Matters Liedern etwa auf *Nei säget sölle mir*. Auch hier wird die Alltagstristesse als gesellschaftliches Symptom verstanden:

nei säget sölle mir / vo nüt meh andrem tröime
als beschtefalls vo ferie / vierzäh tag lang amne meer
wo me kriminal-/romän list under palme
für chly z'gseh wi's wär / wenn ds läben intressanter wär
bis dass me schliesslich froh isch wider heizue z fahre
isch das der ändpunkt vo'r entwicklig vo füftuusig jahre?[58]

---

56 Nach dem Lied sind sowohl das zweite Matter-Liederbuch (1973) als auch eine Radio-Gedenksendung (ebenfalls 1973) und der Dokumentarfilm von Friedrich Kappeler (2002) benannt. Auf der Platte von *Dr Kolumbus* (1977) von Jacob Stickelberger und Fritz Widmer eröffnet es die B-Seite (gesungen von Widmer). Die Compilation *Matter Rock* (1992) beschließt die Version von Polo Hofer.

57 « Regardez-vous, vous êtes tristes.» So Fritz Widmer in seiner Conférence zum Lied auf *Dr Kolumbus* (1977). – Der Pfarrer und Dichterfreund Kurt Marti schreibt in einer Kolumne im Oktober 1968 über zwei Bücher, in denen zeitgenössische Mauersprüche enthalten sind. Marti gibt ein paar Beispiele daraus, darunter auch: « Regardez-vous, vous êtes tristes.» (Marti 2021, S. 276) Gut möglich also, dass Matter den Spruch in einem der bei Marti erwähnten Bücher oder bei ihm selbst kennengelernt hat (wenn nicht umgekehrt).

58 LB3, S. 63: *Nein, sagt bloß, sollen wir / von nichts anderem mehr träumen / als bestenfalls von Ferien / vierzehn Tage lang an einem Meer / wo man Kriminal- / Romane liest unter Palmen / um etwas zu sehen wie es wäre, wenn das*

Die Wendung ‹ nei säget › (auf Hochdeutsch in etwa: *nein, sagt bloß*) klingt trotzig: In rhetorischen Fragen analysiert das Lied den Alltagstrott eines zu engen Lebens – nachdenklich, aber mit deutlich lakonischem Unterton.[59]

Auch dieses Lied hat Mani Matter nicht mehr aufgenommen: Der Biograf Wilfried Meichtry berichtet von der wohl einzigen Aufführung von *Nei säget sölle mir* als einem von zwei neuen Liedern, die Matter kurz vor seinem Tod bei einer politischen Veranstaltung im Berner Konzertlokal *Bierhübeli* gesungen hat.[60] Ob und in welcher Form Matter diese Lieder hätte einspielen wollen, ist nicht sicher: Der *Berner-Troubadours*-Kollege Fritz Widmer vermutet, Matter hätte dafür eine breitere, auch elektronische Instrumentierung gewählt.[61]

Sicher ist jedoch: Auch in diesen mutmaßlich ‹ radikaleren › Liedern werden keine Rezepte politischer Allheilmittel verkündet. Trotz ihrer offener emotionalen Anlage und ihrer

---

Leben interessanter wäre / bis man dann schließlich froh ist, wieder nachhause zu fahren / ist das der Endpunkt der Entwicklung von fünftausend Jahren?

59 Bei der Aufnahme auf *Dr Kolumbus* (1977) singt Jacob Stickelberger das Lied im Ton empörter Betroffenheit. In einer Amateuraufnahme, die auf der CD-Beilage zur Matter-Ausstellung von 2013 im Schweizerischen Landesmuseum enthalten ist, singt Matter selbst das Lied zwar nachdenklich, aber nicht ohne auch witzige Betonung der Absurdität des beschriebenen Alltagstrotts. Die Ernüchterung, die das Chanson ausdrückt, wirkt trotz eines gedrückten Tons eher zart- als gallenbitter. Die leger-trotzige Elektroversion von Lo & Leduc (auf *Und so blybt no sys Lied,* 2016) ist der Sache daher vielleicht gar nicht fern.

60 Ein Aktionsabend am 13. September 1972 gegen die Einführung eines als autoritär kritisierten kantonalen Jugendrechtspflegegesetzes (vgl. Meichtry 2013, S. 274–279).

61 Widmer vermutet mit Blick auf diese späten Lieder, Matters Musik « hätte sich wohl in Richtung Rock entwickelt; er hatte sich einen Synthesizer gekauft und wollte ihn auch einsetzen, auch Schlagzeug.» (Hauzenberger 2021, S. 124)

beißenderen Lakonik sind sie nicht weniger komplex angelegt als die früheren, humoristisch-distanzierteren politischen Stücke.

Diese Komplexität zeigt sich, spezifisch mit Blick auf Fragen der politischen Gewalt, auch im anderen späten Stück, das Matter bei diesem Aktionsabend im Herbst 1972 gespielt hat: *Wo mir als Bueben emal.*[62] Es beginnt mit einer Kindheitserinnerung: Als sie auf einer Wiese Fußball gespielt haben, sei ein Bauer mit einem Stock gekommen und habe die Jungen mit dem Ausruf vertrieben: « mues eig'lech aus geng verhimuheilandtonneret sy»[63] – zu Deutsch etwa: *Muss eigentlich alles immer versaut werden!*

Der fluchende Bauer wirkt mit seinem Stock bedrohlich, man sympathisiert mit den spielenden Kindern. Die Perspektive des Lieds verschiebt sich aber, als sich die zweite Strophe der Gegenwart zuwendet:

dä satz isch mir no im ohr
u mängisch, wen i gseh, wi
dert wo dörfer sy gsy
und ds ufer vom 'ne see
uf ds mal jitz alls verbout isch
de fragen i mi sälber
mues eig'lech aus geng verhimuheilandtonneret sy[64]

---

[62] Vgl. LB2, S. 10 f. – Fritz Widmer spielt das Lied auf *Dr Kolumbus* (1977). Den wütenden Gestus des Lieds betonen die Coverversionen von Patent Ochsner auf *Matter Rock* (1992) und, rotzig-grungy, von Lia Sells Fish auf *Und so blybt no sys Lied* (2016).

[63] LB2, S. 10.

[64] LB2, S. 10: *Dieser Satz ist mir noch im Ohr / und manchmal, wenn ich sehe, wie / dort wo Dörfer waren / oder das Ufer eines Sees / jetzt plötzlich alles zugebaut ist / dann frage ich mich selbst / muss man eigentlich alles immer versauen?*

Richtig sympathisch wird der Bauer auch dann nicht: Den Kindern wird man nur bedingt vorwerfen, dass sie das Gras beim Spielen zertrampelt haben. In Bezug auf die dann sehr viel bewusstere Verschandelung ganzer Landstriche gewinnt solche Wut mehr Berechtigung.

Die dritte Strophe gibt der Sache einen nächsten Dreh. Ob alles ‹verhimuheilandtonneret› sein müsse, ist bisher eine rhetorische Frage; das sollte es eigentlich nicht. Die nun folgenden Zeilen bewerten die Gewaltfrage aber neu: Ja, es müsse «mängisch sy / dass eine chunnt u mit gwalt / e stacheldraht verschnydt / oder e muur i d'luft sprängt».[65] Und auch dann gebe es Leute, die «brüele», ob eigentlich alles immer ‹verhimmelheilanddonnert› sein müsse. Dieses ‹brüele› (es bedeutet im Berndeutschen *brüllen*) erscheint hier jedoch potenziell lächerlich: Es sind wohl auch solche, *denen es gut geht,* die hier jammern. Auch das wird nochmals nuanciert, indem das Ich des Lieds in der vierten Strophe eine distanziertere Perspektive einnimmt: Wenn man in der Zeitung lese, wie «es chlepft überall / wän's preicht, wär profitiert», so sage man sich: «bis das alls / mal äntlech einisch ufhört / da mues no mängs zersch verhimuheilandtonneret sy».[66] Die Welt erscheint als Schauplatz der Gewalt und der Klage über Gewalt. Wer dabei im Recht ist, lässt sich nicht verallgemeinern; zumal noch mit Gewalt ein Geschäft gemacht werden kann. So bleibt das ‹Verhimmelheilanddonnern› in diesem Stück so zwiespältig wie das Massensterben am Schluss des *Noah*-Lieds: Weder mag man die Freude über

---

65 LB2, S. 10 f.: *Ja, es müsse manchmal sein / dass einer kommt und mit Gewalt / einen Stacheldraht zerschneidet / oder eine Mauer in die Luft sprengt.*
66 LB2, S. 11: Wenn man in der Zeitung lese, wie *es überall knallt / wen es erwischt, wer profitiert,* sage man sich: *bis das alles / mal endlich einmal aufhört / muss noch manches zuerst ‹verhimmelheillanddonnert› sein.*

eine reinigende Sintflut ganz teilen noch in das Gezeter der Spießer einstimmen. Beides muss man zumindest vorderhand aber auch nicht: Erst mal liest man von all dem nur in der Zeitung. So deutlich das Lied also proklamiert, es müsse ‹mängisch sy›, dass Stacheldrähte zerschnitten und Mauern gesprengt werden: Dass solche revolutionäre Gewalt auch da ‹manchmal sein› muss, wo man noch ruhig seine Zeitung liest, ist damit nicht gesagt.

Die Entschiedenheit, mit der in diesem Lied Wut und Gewalt eine zumindest gewisse Legitimation erfahren, mag manche überrascht haben. Auch dieses Stück stellt aber vor allem Fragen: Welche Fälle sind das, in denen Gewalt (‹mängisch›) sein muss? Sind es solche, in denen es eben Mauern und Stacheldrähte gibt? Aber Mauern gibt es auch in Köpfen. Ist revolutionäre Gewalt wirklich schlimmer als das Gezeter der Spießer? Auch deren panische Besitzstandswahrung kann man als Ausdruck von Gewalt (von ‹struktureller› Gewalt) verstehen.

Wer übt Gewalt aus, wer wehrt sich bloß mit Gegengewalt? Oder führen solche Unterscheidungen in die Irre, wenn ohnehin nicht in Aussicht steht, dass das Unterdrücken und Bekriegen ‹mal äntlech einisch ufhört›? Deshalb fragt sich vor allem auch: Wie sähen politische und gesellschaftliche Umstände aus, in denen weder Gewalt noch Gegengewalt ‹sein muss›?

Bevor wir uns anschauen, wie sich der Umgang mit solchen Themen in weiteren seiner Lieder gestaltet, sind wir hier vor allem auch mitten in den Themen, mit denen sich Matter auch theoretisch beschäftigt hat: in seiner Habilitationsschrift, dem *Cambridge-Notizheft* und seinen politischen Artikeln. Die Überlegungen, die er in den dortigen Zusammenhängen entwickelt, so die These, erhellen auch die politischen Aspekte seiner Lieder.

Die theoretischen Schriften

Die Auseinandersetzung mit politischen Fragen prägt Matters Denken seit seiner Jugend: Schon früh engagierte er sich in dem damals neu gegründeten *Jungen Bern;* einer Kleinpartei, die eine politische Erneuerung abseits der als erstarrt wahrgenommenen politischen Parteien anstrebte. Dem *Jungen Bern* gelang wenige Jahre nach der Gründung ein Coup: Mit dem bekannten Pfarrer und Kinderbuchautor Klaus Schädelin erlangte sie 1958 einen Sitz in der Berner Stadtregierung.[67] Matter leitete damals den Wahlkampf, 1964 bis 1967 war er auch Präsident der Partei.[68]

Mit Politik setzte sich Matter auch publizistisch und wissenschaftlich auseinander: Ab Mitte der 60er-Jahre erschienen mehrere Artikel zum Verhältnis von Staat und Gesellschaft. In seiner Dissertation von 1965, *Die Legitimation der Gemeinde zur staatsrechtlichen Beschwerde,* beschäftigte er sich mit der Rechtsprechung des Bundesgerichts: Er argumentierte, dass die damals gängige Rechtspraxis die Gemeinden den Kantonen gegenüber benachteilige, was gegen den föderalen Gedanken verstoße. Mit der Stärkung der Rechte der Gemeinden interessierte er sich für die Aufwertung jenes Be-

---

67 Er ist der Autor des Kinderbuch-Klassikers *Mein Name ist Eugen* von 1955.

68 Über die Anfänge von Matters politischem Engagement, das mit einem Eintritt in das Berner Jugendparlament noch zur Schulzeit beginnt, bis zum Einzug Schädelins in den Stadtrat vgl. in Wilfried Meichtrys Biografie (2013) die Seiten 108–131. Eine Darstellung der späteren Tätigkeit im *Jungen Bern* findet sich ebenda auf den Seiten 166–172.

reichs des Staats, in dem Politik und Zivilgesellschaft am engsten aufeinander bezogen sind.[69]

All dies geschah in einer bewegten Zeit: In Nordamerika polarisierte sich die Gesellschaft in der Diskussion um die Bürgerrechtsbewegung und den Vietnamkrieg, in den europäischen Oststaaten herrschte Tauwetterstimmung, die bundesdeutsche Jugend politisierte sich in der Auseinandersetzung mit dem Nationalsozialismus und der Spiegelaffäre, die französische in jener mit dem Algerienkonflikt. Nachdem die Schweiz in der Nachkriegszeit bei bis zur Bewegungslosigkeit stabilen politischen Verhältnissen vom europäischen Wirtschaftsaufschwung profitiert hatte, stand der politische Status quo auch hier zunehmend infrage: Zusammenhänge waren hier unter anderem die < Mirage >-Affäre[70] sowie Debatten

---

69 Franz Hohler geht in seinem Band der Frage der Wirkung von Matters Dissertation nach, denn in der Folgezeit hat das Bundesgericht vermehrt Beschwerden von Gemeinden zugelassen. Darüber bestehen unterschiedliche Meinungen, zum Teil wird von einem direkten Einfluss von Matters Schrift ausgegangen (vgl. Hohler 1997/1992, S. 34).

70 Im Zusammenhang von Plänen der militärischen Aufrüstung der Schweiz im Kalten Krieg (unter anderem auch der atomaren Bewaffnung) beschlossen Bundesrat und Parlament den Kauf von Flugzeugen des Typs < Mirage >. Wie sich herausstellte, überstieg der Kauf die Kosten weit. Zum ersten Mal wurde in der Schweiz eine Parlamentarische Untersuchungskommission gebildet. Diese wies nach, dass die zuständige Beschaffungskommission absichtlich zu tiefe Kosten veranschlagt und also Regierung und Parlament wissentlich belogen hatte. Die < Mirage >-Affäre löste eine breite politische und gesellschaftliche Debatte aus, in deren Zug die militärpolitische Orientierung der Schweiz revidiert wurde. Vgl. das Kapitel « Der Mirage-Skandal » im Buch *Helvetische Jäger* des Journalisten Roman Schürmann (2009, S. 135–154).

um das Zivilverteidigungsbuch[71] und die überfällige Einführung des Frauenstimmrechts.[72]

In der Hochphase dieser politischen Dynamisierung liefern sich Studierende in Berlin und Paris Straßenschlachten mit der Polizei, in der Schweiz kommt es unter anderem zum ‹ Globuskrawall ›.[73] Matter ist nicht unter ihnen: Mittlerweile Assistent an der Universität Bern, ist er ein paar Jahre älter als das Gros der Protestierenden. 1968 ist er mit seiner Familie mit einem Forschungsstipendium in Cambridge, wo er an seiner Habilitationsarbeit schreibt. Ihr Gegenstand ist eine eingehende Darstellung der *pluralistischen Staatslehre* und damit das Verhältnis von Einzelnem, Gesellschaft und Staat.

Diese Arbeit wird er nicht abschließen. Nach der Rückkehr aus Cambridge tritt Matter Anfang 1969 eine Beamtenstelle

---

71 Die Verteilung eines Zivilverteidigungsbuchs an die schweizerischen Haushalte, das im Zusammenhang des Kalten Kriegs reaktionär-antikommunistische Stimmungen schürte. Dass der Präsident des Schweizerischen Schriftstellerverbands, Maurice Zermatten, hinter der Aktion stand, löste den Protest namhafter Autoren wie Friedrich Dürrenmatt, Jürg Federspiel, Max Frisch, Ludwig Hohl und Kurt Marti aus. Für den 1971 als Alternative gegründeten Verband *Gruppe Olten* schrieb Mani Matter die ersten Statuten. Ausführlich gibt über die *Gruppe Olten* das Buch des Schriftstellers und langjährigen Sekretärs des Verbands Hans Mühlethaler (1989) Auskunft.
72 Zu den Diskussionen über die Einführung des Frauenwahlrechts, die nach der gescheiterten Volksabstimmung Ende der 50er-Jahre dann 1971 (endlich!) erfolgte, vgl. unter anderem die Bücher von Yvonne Voegeli (1997) sowie, mit auch spezifischem Blick auf die Debatten im Kanton Bern, von Renate Wegmüller (2000).
73 Eine Absage der Stadtregierung bezüglich Plänen zur Nutzung des leer stehenden Globus-Warenhausgebäudes als Jugendzentrum beantworteten im Sommer 1968 Jugendproteste. Mit Bildern besetzter Tramschienen und gewaltsamer Auseinandersetzungen mit der Polizei ging die Schweiz in die Protestikonografie von 1968 ein. (Umstände und Hintergründe beleuchtet der von Angelika Linke und Joachim Scharloth (2008) herausgegebene Band über den *Zürcher Sommer 1968*.)

der Stadt Bern an. Der Universität kehrt er nicht völlig den Rücken: Er unterrichtet weiter einzelne Seminare[74] und bringt sich bei wissenschaftlichen Tagungen ein.[75] Die Arbeit an seiner Studie legt er aber aufs Eis. Mittlerweile hat der Rechtswissenschaftler Benjamin Schindler ihr Typoskript publiziert – unter dem Titel: *Die pluralistische Staatstheorie, oder: Der Konsens zur Uneinigkeit.*

Im Folgenden interessiert zuerst, was daraus über Matters Verständnis von Staat und Gesellschaft zu erfahren ist. Danach widme ich mich dem im Entstehungszeitraum der Arbeit geführten *Cambridge-Notizheft.* Anhand dessen lassen sich Bezüge zu den gesellschaftlichen Themen und Konflikten dieser Zeit erörtern, mit denen sich auch Matters politische Artikel beschäftigen. Vor diesem Hintergrund versuche ich nochmals etwas genauer zu umreißen, was unter dem ‹ Politischen › bei Matter zu verstehen ist, um im letzten Teil dieses Essays auf seine Musik zurückzukommen. Dort wird dann erörtert, inwiefern seine theoretische Beschäftigung auch mit Blick auf die Lieder interessant ist.

Die Habilitationsschrift

Es war zu lesen, Matter habe die Arbeit an seiner Habilitationsschrift in Cambridge fast abgeschlossen; bloß Fußnoten und Nachwort hätten noch gefehlt.[76] Wie wir sehen werden,

---

74 Benjamin Schindler dokumentiert im Vorwort der von ihm herausgegebenen Habilitationsschrift ab 1970 Lehraufträge in den Bereichen öffentliches Recht, allgemeines Staatsrecht, Bundesstaatsrecht und Verwaltungsrecht sowie ein Seminar im Wintersemester 1972 « Über Parteien » (DpS, S. 12, 31).
75 So ist die Teilnahme Matters an den Tagungen der schweizerischen Staats- und Verwaltungsrechtslehrer belegt (vgl. Fußnote 128).
76 So Hohler (1977/1992, S. 35), dann auch Hammer (2010, S. 108) und Meichtry (2013, S. 236). Benjamin Schindler, der Herausgeber der Habilitationsarbeit, geht dagegen davon aus, dass die Fußnoten vorhanden und bloß in

stimmt das nicht ganz: Matter erwähnt im Verlauf des Texts mehrere Punkte, auf die er zurückkommen will, dann aber unausgeführt lässt. Nichtsdestotrotz gibt das Typoskript einen breiten Einblick in die Themen, die ihn interessiert haben, und seine Überlegungen dazu. Weil die Habilitationsschrift bislang nicht Gegenstand einer eingehenderen Auseinandersetzung geworden ist, gebe ich zunächst einen groben Überblick über den Text.

Darin geht es um nichts weniger als um Grundfragen der Rechts- und Staatsphilosophie: Wie verhalten sich die Gesetze des Staates und das Gerechtigkeitsverständnis in der Bevölkerung zueinander? Woraus gewinnt das Gesetz seine Legitimität? Und letztlich: Was ist ein Staat, und inwiefern dient die in seinem Namen ausgeübte Gewalt der Gesellschaft?

Seine Auseinandersetzung mit diesen Themen zieht Matter über den Begriff des Pluralismus auf. Diese vorwiegend angloamerikanische Schule der Staatslehre habe in Europa, wie er rekapituliert, über einzelne Ansätze hinaus keine Rolle gespielt. Verbinde man diese Ansätze aber, so zeichne sich ein grundlegend neues Staatsverständnis ab.[77]

---

anderen, nicht erhaltenen Unterlagen verzeichnet waren (vgl. Schindlers Vorwort in DpS, S. 7–34, hier 24).

77 Vgl. DpS, S. 37–39. – Matter lässt hier unerwähnt, dass der Politikwissenschaftler Ernst Fraenkel den Pluralismusbegriff mit Büchern wie *Pluralismus als Strukturelement der freiheitlich-rechtsstaatlichen Demokratie* (1964) bereits in den deutschen Demokratiediskurs eingeführt hatte. Wie Benjamin Schindler, Herausgeber des Habilitationsfragments, erwähnt, finden sich in Matters Nachlass Notizen zu Fraenkels Schriften (DpS, S. 16, 32). Fraenkel argumentierte auf strikt proamerikanischem Kurs und kritisierte in diesem Zusammenhang die 68er-Bewegung scharf. Inwieweit Matters, maßgeblich aus europäischen Quellen entwickelte, Darstellung der pluralistischen Staatstheorie auch als Gegenentwurf zu jener Fraenkels zu lesen ist, hätte das Nachwort der Habilitationsarbeit erläutern können.

Um dieses neue Verständnis plastisch werden zu lassen, entwirft Matter in seiner Einleitung zunächst ein Bild des herkömmlichen Staatsdenkens. Schematisch lässt sich dies folgendermaßen umreißen: a) Die wesentliche Eigenschaft des Staates ist seine Souveränität (unabhängig davon, ob diese aus einem göttlichen Willen oder der Berufung auf das ‹Volk› abgeleitet wird). b) Kraft der Autorität dieser Souveränität verleiht der Staat den Gesetzen ihre Gültigkeit und seinen Institutionen die Legitimität, diese nötigenfalls mit Gewalt durchzusetzen. c) Diese Institutionen unterwirft der Staat ebenfalls seinen Gesetzen. Dies tut er aber gewissermaßen freiwillig – die Gesetze hängen ja von ihm selbst ab. d) Das höchste Gebot eines Staates ist seine Selbsterhaltung. Deshalb dürfen die Institutionen die Gesetze brechen, so sie dazu Anlass sehen (worüber sie selbst entscheiden).[78]

Matter argumentiert nun in sechs Kapiteln gegen diese Verquickung von Souveränität, Recht und Staatsgewalt, jedes bespricht das Werk eines Theoretikers. Dabei hat er bereits mit seinem Anfangskapitel eine Überraschung parat: Es widmet sich den Schriften des deutschen Rechtshistorikers Otto von Gierke (1841–1921), der gängig nicht der pluralistischen Tradition zugerechnet wird. Dies zu Unrecht, wie Matter erklärt: Auch in Gierkes Texten schlummerten Überlegungen, die eben nicht mehr auf den alten Souveränitätsbegriff abzielten, sondern Prinzipien eines neuartigen Gesellschaftsverständnisses anklingen ließen.

Wie Matter zeigt, geht Gierke nicht davon aus, dass das Recht vom Staat gesetzt ist. Beide, der Staat und das Recht, entstünden vielmehr gleichermaßen aus einem Dritten: dem

---

[78] Vgl. DpS, S. 49–52.

gesellschaftlichen ‹Gesamtwesen›. Der Staat sei deshalb nach Gierke nicht frei, der Gesellschaft willkürlich Gesetze aufzuerlegen. Er müsse in seiner Gesetzgebung vielmehr versuchen, der gesellschaftlichen ‹Rechtsüberzeugung› zu entsprechen.[79] Diese ‹Rechtsüberzeugung› artikuliere sich im Zusammenwirken von Gruppen, Vereinen und Verbänden (dem sogenannten ‹Korporationsleben›).

Obwohl Gierke am Prinzip der staatlichen Souveränität festhalte, zeichne sich, so Matter, bei ihm ein neues Rechtsverständnis ab: Seine Legitimität könne der Staat letztlich nicht durch sein Gewaltmonopol beweisen, sondern dadurch, dass sich seine Institutionen in ihrem Handeln nach dem gesellschaftlichen ‹Gemeingeist› richten.[80] Bemerkenswerterweise verstehe Gierke diesen ‹Gemeingeist› dabei nicht als unveränderliche Größe: Die organische Metapher des ‹Gesellschaftskörpers› deute auf offene soziale Prozesse. Das ‹Korporationsleben› sei historisch veränderlich, der Staat müsse sich ihm laufend anpassen.[81]

Matter interessiert sich für dieses flexible ‹Gleichgewicht›, das sich nach Gierke zwischen Staat und Verbänden, Einheit und Vielfalt einstellt.[82] Vollkommen befriedigend beschreibe dieser all das aber noch nicht. So bleibe bei Gierke erläuterungsbedürftig, was man sich unter dem gesellschaftlichen ‹Gemeingeist› genauer vorzustellen habe.[83]

---

79 Vgl. den Abschnitt «Recht und Staat» (DpS, S. 60–67).
80 Vgl. die Passage DpS, S. 67–72 im Abschnitt «Korporationslehre und Staat».
81 Vgl. DpS, S. 67.
82 Vgl. DpS, S. 77 f.
83 Vgl. DpS, S. 79.

Aus diesem Grund wendet sich Matter im zweiten Kapitel Werken des frühen französischen Soziologen Émile Durkheim (1858–1917) zu: Während die Vorstellung des Gesellschaftlichen bei Gierke im Ungefähren bleibe, habe Durkheim davon ein sehr viel genaueres Konzept entwickelt; basierend auf soziologischer Empirie. Durkheim geht davon aus, dass sich eine Gesellschaft über eine komplexe Struktur der Arbeitsteilung konstituiere: Der Einzelne wisse darin um die Begrenztheit seiner Fähigkeiten, bleibe sich bewusst, auf andere angewiesen zu sein. Aus diesem Bewusstsein entstehe, so Durkheim, eine neuartige ‹ soziale Solidarität ›.[84] Diese stelle die Basis des gesellschaftlichen Gemeingeists dar.

Dem Gemeinwohlgedanken dieser Solidarität müssen Durkheims Verständnis nach die Dienste der staatlichen Institutionen entsprechen. Dieser öffentliche Dienst (‹ service public ›) dient der Allgemeinheit. Das liest sich ähnlich wie bei Gierke, im Unterschied zu diesem geht Durkheim aber davon aus, dass dieser ‹ service public › automatisch einen Abbau sozialer Ungleichheiten nach sich zieht.[85] Durkheim denkt also dezidiert in Kategorien von sozialer Gerechtigkeit und Demokratisierung.

Nicht nur in der Soziologie, auch in der Psychologie findet Matter Grundlagen für ein pluralistisches Staatsverständnis: In seinem dritten Kapitel widmet er sich den Schriften des amerikanischen Psychologen und Philosophen William James (1842–1910). James interessiert sich für das Verhältnis von Denken und Handeln, von Vernunft und Glauben, Idealismus und Positivismus. Diese sieht James nicht als Gegensätze,

---

[84] Vgl. den Abschnitt «‹ Mechanische › und ‹ organische Solidarität ›» (DpS, S. 88–91).
[85] Vgl. den Abschnitt « Staat und Verbände » (DpS, S. 97–104).

die einander ausschließen. Vielmehr verstehe es der Mensch immer schon, zwischen diesen ganz unterschiedlichen Impulsen der Vernunft und des Gefühls ein ‹ Gleichgewicht der Ideale › auszutarieren.[86]

Matter interessiert dies, weil es zuvor ja darum ging, wie der Staat verschiedene gesellschaftliche Interessen immer neu aufzunehmen und zu vermitteln habe. Das Prinzip eines solchen grundlegenden Interessenskonflikts ist nach James bereits im menschlichen Seelenleben verankert, und dort haben sich ihm zufolge auch Verfahren zu ihrer Bewältigung entwickelt. Matter unterstreicht den Punkt, dass sich der Mensch hierbei nicht bloß nach Vernunft und Theorie richte. Im Umgang mit seinen inneren Widersprüchen können ihm nach James auch etwa Predigten oder literarische Texte zur Orientierung dienen.[87] – Man möchte hinzufügen: und auch Chansons.

Der Frage, wie solche Bewältigungsstrategien des Einzelnen mit gesellschaftlichen Formen der Konfliktaushandlung zusammenhängen, nähert sich Matter über die Theorie des französischen Rechtstheoretikers Léon Duguit (1859–1928). Wie Gierke geht Duguit davon aus, dass das Recht nicht einseitig vom Staat gesetzt werden könne, sondern aus ‹ sozialen Gesetzen › abgeleitet werden müsse.[88] Anders als für Gierke sind für Duguit hierbei aber nicht vor allem Verbände und Vereine maßgeblich: Sein Bezugspunkt ist letzten Endes das Bewusstsein aller Bürgerinnen und Bürger.

---

[86] Vgl. den Abschnitt «James' Ethik» (DpS, S. 130–133).

[87] Vgl. DpS, S. 133. (Apropos literarische Lebensschule: William James war der Bruder des Schriftstellers Henry James.)

[88] Vgl. den Abschnitt «Die Rechtsnorm» (DpS, S. 145–149).

Wie bei Durkheim entspricht der Staat auch nach Duguit seiner Bevölkerung am besten, wenn er seinen öffentlichen Dienst auf deren ‹soziale Gesetze› hin ausrichtet. Jedoch ergibt sich nach Duguit daraus nicht automatisch sozialer Fortschritt: Neben der Orientierung am Gegebenen brauche der Staat hierfür eine politische Zielsetzung, müsse seine Aktivitäten auf die Zukunft hin richten; auf eine erst noch zu verwirklichende ‹soziale Solidarität›. Wichtige Funktionen des ‹service public›, des Diensts an der Gesellschaft, kommen nach Duiguit daher Institutionen der Bildung und der sozialen Fürsorge zu.[89]

Damit ist in Matters Konzept der *pluralistischen Staatstheorie* ein weiterer Schritt in Richtung gesellschaftlicher Demokratisierung und sozialer Gerechtigkeit getan. Wie aber gestaltet sich das Verhältnis zwischen den Einzelnen im Detail? Wie vereinigt sich ihr jeweiliges Rechtsempfinden zu ‹sozialen Gesetzen›? Wie genau ist eine solche gemeinsame ‹soziale Solidarität› zu schaffen? Duguit, so Matter, bleibt in diesen Fragen zu unspezifisch.

Eingehende Gedanken hat sich dazu indessen der niederländische Staatsrechtler Hugo Krabbe (1857–1936) gemacht, dem Matter sein zweitletztes Kapitel widmet. Krabbe nimmt an, dass Duguit einem Kurzschluss unterliegt: Dieser gehe davon aus, dass sich das Ideal ‹sozialer Solidarität› umstandslos

---

[89] Zum Konzept des ‹öffentlichen Diensts› vgl. den Abschnitt «Der Staatsbegriff» (DpS, S. 159–162), zum Begriff der ‹sozialen Solidarität› den Abschnitt: «Duguits Pragmatismus» (DpS, S. 168–173). Kritisch sieht Matter Duguits Konzept der (in Frankreich traditionsreichen) Zentralisierung der Verwaltung. Dieser stellt Matter das Prinzip des Föderalismus entgegen, mit dessen helvetischer Tradition er sich in seiner Dissertation beschäftigt hatte (vgl. den Abschnitt: «Pluralismus und Monismus der Macht», DpS, S. 162–168).

aus dem Rechtsempfinden der Einzelnen ergebe. Dieses Rechtsempfinden gestalte sich aber, so Krabbe, überhaupt nicht einheitlich: Die Menschen folgten einer je eigenen Mischung aus unterschiedlichen ethischen, religiösen oder politischen Überzeugungen. Die Überzeugungen des Einzelnen entsprächen dem kaum je vollständig, was zu einem bestimmten Zeitpunkt als Konsens des gesellschaftlichen Rechtsempfindens gilt.

Damit sieht Krabbe den Menschen immer schon in einem Zwiespalt zwischen dem begriffen, was ihm subjektiv unmittelbar richtig erscheint, und dem, was er als Einsicht von anderen zu erwarten hat.[90] Solche innere Spaltung ist demnach an sich nicht bedrohlich, sondern stellt den Normalzustand dar. Wie Matter bei James gezeigt hat, gilt dasselbe auch für den einzelnen Menschen: Auch er ist immer schon innerlich damit beschäftigt, eine Vielfalt konfligierender Impulse zu vermitteln. Was oben angedeutet wurde, führt Matter im Rückgriff auf Krabbe nun aus: Die seelischen Prozesse des Einzelnen folgen einer ähnlichen Logik der Vermittlung und des Ausgleichs wie die gesellschaftlichen Formen der Konfliktbewältigung.[91]

Auch für die Gesellschaft bedeutet der innere Zwiespalt so prinzipiell keine Hypothek: Eine Vielfalt konfligierender Positionen stellt vielmehr die Voraussetzung dafür dar, dass überhaupt ein gesellschaftlicher Dialog in Gang kommt. In diesem Dialog müssen alle Beteiligten immer aufs Neue abwägen – wie sie es nach James im eigenen Seelenleben immer schon tun –, wie weit sie einer bestimmten Überzeugung

---

90 Vgl. den Abschnitt «Individuelles Rechtsbewusstsein und Gemeinschaftsnorm» (DpS, S. 190–194).

91 Vgl. den Abschnitt «Gesetzesrecht und ungeschriebenes Recht» (DpS, S. 194–200).

sinnvollerweise mit größter Vehemenz folgen und wo sie diese zugunsten eines Kompromisses (zumindest vorübergehend) zurückzustellen.

Die Idee einer Mischung von Konflikt- und Konsensbereitschaft interessiert Matter auch im sechsten und letzten Kapitel. Bezugspunkt ist hier das Werk des britischen Politikwissenschaftlers Harold Laski (1893–1950), nämlich in der Frage, welche konkreten Anforderungen sich im pluralistischen Konzept an Staat und Gesellschaft stellen. Laski sieht als Aufgabe der Regierung, die unterschiedlichen Anliegen gesellschaftlicher Gruppen im Sinn des Gemeinwohls miteinander zu vereinbaren. Der Staat muss politische Verfahren organisieren, in denen die Anliegen der Bevölkerung in ihrer Vielfalt und Widersprüchlichkeit sichtbar werden, um sie dann bestmöglich miteinander zu vereinbaren. Ihre völlige Harmonisierung erscheint Laski, wie schon Krabbe, weder möglich noch überhaupt wünschenswert: Die «Basis des Staats» besteht nach Laski in einem «Konsens zur Uneinigkeit».[92]

Damit sind die Aufgaben seitens der Bürgerinnen und Bürger angesprochen: Sie sollen stets aufs Neue prüfen, ob die Regierung ihren Aufgaben in der Organisation des Diensts an der Öffentlichkeit nachkommt. Der Staat darf von seinen Bürgerinnen und Bürgern gerade keinen unbedingten Gehorsam erwarten. Eine zentrale Funktion kommt einer unabhängigen Presse und Justiz zu: Die Politiker müssen sich einer durch freie Publizistik informierten Öffentlichkeit stel-

---

[92] DpS, S. 228. – Die Quelle des Zitats weist der Herausgeber Schindler (DpS, S. 229) in der Formulierung des «consent to disagreement» in Laskis Schrift *Studies in the Problem of Sovereignty* (1917, S. 25) nach.

len, gegebenenfalls auch gerichtlichen Verfahren, und sich schließlich an der Wahlurne bewähren.[93]

Das alte Staatsverständnis, das Matter in seiner Einleitung skizziert, ist damit verabschiedet: Weder funktioniert der Staat mehr als souveräne Instanz, die kraft der von ihr ausgehenden Gewalt das Recht setzt, noch bestehen ihm gegenüber seitens der Bevölkerung höhere Verpflichtungen: Der Einzelne gehört unterschiedlichen Kollektiven an, ist «nicht nur Mitglied des Staates, sondern auch etwa einer Kirche oder einer Gewerkschaft», deren Interessen gegebenenfalls «denjenigen des Staates auch zuwiderlaufen» können. Immer aufs Neue muss der Staat deshalb «durch das, was er leistet, die Zustimmung seiner Bürger erlangen».[94]

Ist der diesem Verständnis nach in seiner Souveränität solchermaßen relativierte Staat aber überhaupt noch fähig, die politische Ordnung zu garantieren? Was, wenn die Unzufriedenheit der Bevölkerung derart überhandnimmt, dass es zu Tumulten und Bürgerkrieg kommt?

Mit diesen Fragen schließt Matters Text: Léon Duguit hatte den Ausbruch von Anarchie, so rekapituliert Matter, für unwahrscheinlich gehalten. Den Bürgerinnen und Bürgern sei letzten Endes zu sehr an der Verbindlichkeit des Rechtszustands gelegen. Bei Laski stellt sich dies dagegen weniger eindeutig dar: Wenn der Staat seinen Aufgaben in so grundlegender Weise nicht mehr gerecht werde, dass er die besagte Zustimmung seiner Bürger verliere, könne es zum Bürgerkrieg kommen (was im Übrigen die Geschichte als Faktum zeigt). Damit es dazu nicht komme, sei umso wichtiger, so Laski,

---

93 Vgl. den Abschnitt «Kritik der Souv[eränitäts]lehre» (DpS, S. 222–228).
94 DpS, S. 221.

den ‹Konsens zur Uneinigkeit› in Staat und Gesellschaft zu kultivieren.[95]

Bei dem pluralistischen Paradigma, für das sich Matter in seiner Habilitationsschrift interessiert, geht es folglich nicht nur darum, das Bild der staatlichen Institutionen zu verändern. Soll der alte Staatsbegriff verabschiedet werden, muss sich das politische Selbstverständnis der Gesellschaft als Ganzer – und letztlich jedes Einzelnen – erneuern. Nur so kann an die Stelle des Paradigmas sozialer Konsolidierung durch staatliche Gewalt das Konzept einer pluralistischen, sich im konsensuellen Streit selbst entwerfenden Gesellschaft treten.

Das Cambridge-Notizheft

Dass in Matters Arbeit, wie bemerkt wurde, Fußnoten und ein Nachwort fehlen, wird nicht der einzige Grund gewesen sein, weshalb er sie nicht abgeschlossen hat (zumal Herausgeber Schindler vermutet, die Fußnoten seien bloß verloren gegangen).[96] Unfertig an der Arbeit scheinen drei weitere Punkte. Hierbei geht es nicht darum, zu ergänzen, worauf Matter nicht gekommen wäre. Wie sich zeigen wird, hat er sich mit den offen gebliebenen Punkten in anderen Zusammenhängen eingehend beschäftigt.

Das erste unabgeschlossene Themenfeld betrifft den Laski-Teil: Bereits beim Blick auf das Inhaltsverzeichnis fällt auf, dass dieser im Vergleich zu den anderen Kapiteln sehr viel kürzer ausfällt.[97] Das verwundert insofern, als die ganze Argu-

---

95 Vgl. zur Besprechung des Problems der Anarchie DpS, S. 228.

96 Vgl. im Vorwort zu DpS, S. 24. Man kann sich auch vorstellen, dass Matter die Fußnoten andernfalls auf der Grundlage von Anstreichungen in den von ihm diskutierten Büchern oder aus Exzerpten rasch zusammengestellt hätte.

97 In den maschinengeschriebenen Textseiten, die Schindlers Edition zugrunde liegen und deren Ziffern er in seiner Edition der Habilitationsschrift ver-

mentation ja gewissermaßen auf die Besprechung von Laskis Prinzip des ‹Konsenses zur Uneinigkeit› hin zuläuft. Eben dort bleibt aber einiges unausgeführt: etwa die Frage, welche Leistungen des ‹service public› wie aber auch nicht-staatlicher Organisationen eine Kultur des konsensuellen Konflikts stärken können – nach Laskis Vorstellungen, gegebenenfalls aber auch Matters eigenen.

Zweitens fehlt, wie bemerkt wurde, ein Nachwort. Dieses hätte den Gedankengang der Arbeit nochmals zusammengefasst und gezeigt, wieweit damit die in der Einleitung gestellten Forschungsfragen beantwortet werden konnten. Eine dieser Fragen bleibt aber offen: In den Entwürfen für die Einleitung bekundet Matter, die Arbeit entstehe nicht aus «rein historischem Interesse»; sie könne auch «für die heutige Lehre vom öffentlichen Recht einen Gewinn abwerfen».[98] Anstatt das alte Staatsbild unkritisch zu übernehmen, müsse man sich als angehender Beamter die Aufgaben des Staats heute neu bewusst machen.[99] Damit spricht Matter den Wechsel vom Bild des autoritären Machtstaats hin zum Prinzip des Diensts an der pluralistischen Gemeinschaft an. Weshalb dieser Wechsel aber gerade für die gegenwärtige Staatslehre wichtig ist, wäre in einem Nachwort zu erläutern gewesen.

Und drittens bleibt ein weiterer Punkt des Laski-Teils offen: Harold Laski hatte sich neben seiner Professur zunehmend direkt in die politische Debatte eingebracht. Wie Matter kritisch anmerkt, seien seine Texte dabei jedoch «immer mehr zu politischen Propaganda-Schriften» geworden; so

---

zeichnet, bewegen sich die ersten fünf Kapitel zwischen etwa 20 und 30 Seiten. Das Laski-Kapitel ist mit 14 Seiten nur gut halb so lang.

98 DpS, S. 44.
99 Vgl. DpS, S. 46.

verliere bei Laski «das hohe akademische Niveau der ersten Bücher sich allmählich».[100] Auf die Gründe für diesen Qualitätsverlust wollte Matter am Schluss des Kapitels zurückkommen;[101] das geschah aber nicht. Damit bleibt eine weitere zentrale Frage offen: Wie können Überlegungen zur pluralistischen Staatstheorie an die breite Gesellschaft vermittelt werden, ohne dass ihre Darstellung in propagandistische Seichtigkeit absackt?

Über diese Themen hat sich Matter im Notizheft Gedanken gemacht, das er in Cambridge in der Hochphase seiner Arbeit an der Habilitationsschrift geführt hat. Anders als die akademische Arbeit folgen die Einträge des *Cambridge-Notizhefts* keiner linearen Argumentation: Es enthält ein buntes Gemisch von Dichterischem und Analytischem, Exzerpten und Briefentwürfen in Dialekt, Hochsprache, Englisch und teils auch Latein.[102] In den politischen Passagen finden sich dabei auch Überlegungen zum ersten der oben genannten Punkte: der Frage nach Mitteln zur Vertiefung einer Kultur des demokratisch-pluralistischen ‹Konsenses zur Uneinigkeit›.

Matter kommt darauf in Zusammenhang der Diskussion zu sprechen, die das Buch *Helvetisches Malaise* (1964) des Staatsrechtlers Max Imboden ausgelöst hatte. Dieser hatte darin auf eine mangelnde Beteiligung der Bevölkerung an politischen Prozessen aufmerksam gemacht und Maßnahmen im Rahmen einer Gesamterneuerung der Bundesverfassung vorgeschlagen; unter anderem sollte die Bevölkerung durch einen Ausbau direktdemokratischer Instrumente stärker in

---

100 DpS, S. 213.
101 Vgl. DpS, S. 213.
102 Dem Aspekt der Mehrsprachigkeit im *Cambridge-Notizheft* widmet sich ein Artikel des Germanisten Martin Stingelin (2017).

die politischen Prozesse einbezogen werden.[103] 1967 setzte der Bundesrat eine Expertenkommission zur Vorbereitung einer Totalrevision der Verfassung ein.

Matter teilt Imbodens Diagnose der zu geringen Rolle der Bevölkerung in den politischen Prozessen. Die Idee einer solchen Totalrevision sieht er jedoch ebenso skeptisch wie das Rezept der bloßen Stärkung von Möglichkeiten zum Referendum. Beides setze auf der falschen Ebene an: Nicht primär vom staatlichen System ausgehend müsse sich die demokratische Kultur erneuern, sondern von der Gesellschaft her.[104] Das entspricht dem Ansatz in seiner Habilitationsarbeit: Träger der politischen Kultur ist im Endeffekt nicht der Staat, sondern die Bevölkerung als Ganze.

Aufgabe des Staates ist demnach nicht bloß, die Bevölkerung an politischen Entscheiden zu beteiligen, sondern – in sehr viel breiterer Perspektive – mit seinem ‹service public› die Voraussetzungen zu dieser Beteiligung zu verbessern: Matter fordert ein «integrales Diskriminierungsverbot» – unter anderem im Zusammenhang der Arbeitsmigration[105] und mit Blick auf die überfällige Einführung des Frauenstimmrechts.[106] Weiter listet er auf: «Absolute Chancengleichheit im Bildungswesen», «Demokratisierung der Wirtschaft», «Grundbesitz-Steuerprivileg abschaffen»,[107] «Den Verbänden ihren Platz im Staat in aller Öffentlichkeit zuweisen, aber

---

[103] Imbodens Buch liegt in einer durch den Historiker Georg Kreis (2011) herausgegebenen und kommentierten Fassung vor. Eine rechtsgeschichtliche Einordnung von Imbodens Wirken leistet ein Artikel des Staats- und Verfassungsrechtlers Andreas Kley (2011).

[104] «Zukunft liegt nicht in neuen Staatsformen (was nicht heisst, dass die jetzigen nicht noch verbessert werden können)» (CN, S. 41).

[105] Vgl. CN, S. 41.

[106] Vgl. CN, S. 82.

[107] CN, S. 41.

auch staatliche Kontrolle»[108] sowie eine programmatische Konzeption von «Entwicklungshilfe».[109]

Matter hat solche Postulate nicht nur im Privaten formuliert: Viele dieser Punkte greift er 1970 in einem Vortrag über *Die Schweiz seit 1945 aus der Sicht der Jugend* auf.[110] Und sie hätten auch Themen für das Laski-Kapitel seiner Habilitationsarbeit abgegeben, wo ja unklar blieb, welche Maßnahmen zur Vertiefung einer Kultur des gesellschaftlichen ‹Konsenses zur Uneinigkeit› zu ergreifen wären. Empfand Matter seine Vorschläge mit Blick auf die bis dahin abstrakteren Überlegungen seiner Habilitationsarbeit als zu konkret? Erschien ihm ihre links-progressive Ausrichtung im wissenschaftlichen Kontext als zu parteiisch? An Ideen und Vorstellungen solcher Maßnahmen jedenfalls mangelte es Matter nicht.

Auch beim zweiten offenen Punkt, der Aktualität der pluralistischen Staatstheorie für die Ausbildung von Juristinnen und Juristen, hätte Matter bei der Diskussion um Imbodens Buch anknüpfen können: Auf der Grundlage seiner Ausführungen in der Habilitationsschrift hätte er – ähnlich wie zeitgleich im *Cambridge-Notizheft* entworfen – zeigen können, weshalb Imbodens Vorschläge unzureichend waren; weshalb die Frage die Nachjustierung einzelner Instrumente in einem prinzipiell funktionierenden Staatssystem Matter zufolge weniger Aufmerksamkeit verdient als die eklatanten Mängel, die er in einem breiteren Verständnis von ‹service public› in Bezug etwa auf Bildungsgerechtigkeit und die Bekämpfung von Diskriminierung sah.

---

108 CN, S. 42.
109 CN, S. 81.
110 Auf den Vortrag komme ich im folgenden Abschnitt zurück.

Die Aktualität eines solchen veränderten Staatsverständnisses wird hier leicht greifbar: Dass die Verständigung über die Aufgaben des ‹ service public › gerade in der Ausbildung der Personen eine wichtige Rolle spielen muss, die diesen Dienst an der Bevölkerung leisten sollen, ist schlüssig. Die Imboden-Diskussion war aber nicht der einzige Steilpass, den Matter Ende der 60er-Jahre hätte aufnehmen können, um die Aktualität der Themen seiner Arbeit zu zeigen.

Während er in Cambridge forscht, stellen Studierende von Berlin bis Berkeley das alte Bild des autoritären Machtstaats offensiv infrage; zweifeln die Legitimität der Institutionen unumwunden an, die das staatliche Gewaltmonopol zu vertreten beanspruchten. Solcher Zweifel erfüllt nach Laskis Theorie eine Funktion: Der Staat soll sich nicht auf die Friedfertigkeit der Bürgerinnen und Bürger verlassen, sondern seine Leistungen der Bevölkerung gegenüber plausibilisieren. Schlagstöcke und Wasserwerfer reichen dazu nicht aus. Auch hier gehört zur Schulung jener, die Recht und Ordnung vertreten sollen, die Vermittlung eines sinnigeren Bilds der Funktionen des ‹ service public ›.

Die Frage stellt sich aber auch umgekehrt: Wie sieht sinnige Kritik im Sinn der pluralistischen Theorie seitens der Bevölkerung aus? Schon das *Junge Bern*, in dem Matter seit der Gründung Mitte der 1950er-Jahre eine wichtige Rolle spielte, suchte nach neuen Formen der politischen Auseinandersetzung. In sein Tagebuch hatte Matter 1962 notiert, Grundlage politischer Beteiligung müsse zuallererst eine « offen eingestandene Ratlosigkeit sein », ein Agieren ausgehend « von immer wieder neu überprüften Grundsätzen », mit « Mut zu Opposition ».[111] Zur Programmatik des *Jungen Bern* formu-

---

[111] Sh, S. 85.

lierte er, es gelte « aus dem Politisieren von Interessen heraus-
zukommen»; fern « ideologischer Bindungen, aus der Einsicht heraus, daß diese ja doch den Blick nur trüben können».[112]

Aspekte dessen entdeckt er Ende der 60er-Jahre in der Stu-
dentenbewegung wieder. Im *Cambridge-Notizheft* heißt es:
« Richtig ist das Anrennen gegen den Immobilismus, sogar
wohl die Annahme, dass eine echte Zukunftsperspektive
nicht auf traditionellen demokratischen Wegen eröffnet werden kann.»[113] Im Spiegel der Studentenproteste zeigen sich
ihm Mängel des *Jungen Bern*: Wohl habe man auch da nicht
gescheut, « Neues, Kühnes vorzuschlagen». Man habe Kritik
geübt, wo andere sich zurückhalten, « weil sie an der Regierung beteiligt sind». Insgesamt sei damit aber zu wenig erreicht worden: Dies « verlangt, entgegen dem, was ich früher
meinte, eine Re-Ideologisierung».[114]

Matters Blick auf politische Fragen verändert sich in dieser
Zeit: ‹Ideologie› ist nun kein zwingend negativer Begriff
mehr. Dies, wie auch die Rede von Perspektiven jenseits ‹tra-
ditioneller demokratischer Wege›, ist aber weiterhin in Zusammenhang der pluralistischen Staatslehre zu verstehen: Der
gesellschaftliche Diskurs bedingt die Kontroverse, auch parti-
kulare Interessen müssen mit Vehemenz vertreten werden,
mitunter in Formen der außerparlamentarischen Opposition.
Die hierzu nötige ‹Re-Ideologisierung› betrifft aber nur die

---

112 Sh, S. 84f.
113 CN, S. 39.
114 CN, S. 52. – Der Biograf Wilfried Meichtry zitiert Matters langjährigen
Weggefährten im *Jungen Bern* (und späteren Direktor des Bundesamts für Zi-
villuftfahrt), Max Neuenschwander, der bekundet, nach der Rückkehr aus
Cambridge habe Matter « nicht mehr vorbehaltlos zum Jungen Bern stehen
[können], verfasste keine Artikel mehr und bewegte sich – wie Klaus Schädelin – immer mehr nach links» (Meichtry 2013, S. 268).

Positionierung der einzelnen Gruppen. Gesellschaft und Staat als Ganze darf man nicht nach Maßgabe ideologischer Vorstellungen überformen wollen: Sie leben ja gerade vom Prinzip des ‹Konsenses zum Konflikt›.

Unter diesem Aspekt evaluiert Matter neben seiner eigenen früheren Haltung auch die politischen Bewegungen der Gegenwart kritisch: Deren Anliegen teilt er zwar. Im *Cambridge-Notizheft* heißt es: «Das Marx'sche Ziel: ‹alle Verhältnisse umzuwerfen, in denen der Mensch ein erniedrigtes, ein geknechtetes, ein verlassenes, ein verächtliches Wesen ist›, bleibt gültig.»[115] Er zweifelt aber die Mittel an, mit denen der dogmatischere Teil der Protestierenden solche Emanzipation zu erreichen suche:

Zentralismus, Ergreifung des Staatsapparates und Diktatur des Proletariats, Verstaatlichung der Produktionsmittel etc. als Mittel dazu – das ist wohl zulässig in unterentwickelten Ländern, wo noch nichts da ist und die Leute lieber einen volkseigenen Betrieb werden aufbauen helfen als einen für die Shell-Oil; aber in Industriestaaten kann sich darauf niemand mehr im Ernst berufen [...].[116]

Pläne zu radikalem Umsturz kommentiert er lakonisch: «Revolution – und was dann? Man verweist auf Marx und glaubt sich weiterer Details enthoben. Aber gerade auf die Details kommt es an».[117] Sei dagegen «das Gerede von der Revolution nicht ernst» gemeint, so sei er «sofort dafür»; interessant erscheint ihm «insbesondere der tschechische

115 CN, S. 39. – Das Zitat im Zitat entstammt Marx' Einleitung zu seiner Schrift *Zur Kritik der Hegelschen Rechtsphilosophie* (1844, S. 385).
116 CN, S. 39.
117 CN, S. 39.

Versuch, den Kommunismus liberal-demokratisch zu machen. Da wäre ich gerne dabei.»[118] (Diesen Versuch sollten noch im selben Jahr die Truppen des Warschauer Pakts vereiteln.) Anstelle von Umsturzfantasien setzt Matter auf eine Vertiefung der Kultur des ‹Konsenses zur Uneinigkeit› und damit die Mittel, die er in seinem Kommentar zu Imbodens Verfassungsrevisionsplänen zur Vertiefung der demokratischen Kultur vorgeschlagen hat: Initiativen gegen Diskriminierung, für Bildungsgerechtigkeit und eine Demokratisierung der Wirtschaft. Hierbei komme man gut ohne den missverständlichen Begriff des Marxismus aus.[119]

Damit sind Matters Überlegungen in Bezug auf die Themen der ersten beiden der oben genannten, in seiner Habilitationsschrift offenen Punkte umrissen: die Fragen der Mittel zur Umsetzung und der Aktualität des pluralistischen Staats- und Gesellschaftskonzepts. Noch unbeantwortet bleibt die dritte Frage: dessen Vermittlung in der gesellschaftlichen Breite.

Hätte er sich von seiner Habilitationsschrift dergleichen versprochen, hätte er ihre Fertigstellung wohl energischer vorangetrieben. Bei seinem Aufenthalt in England blickte Matter jedoch nicht nur kritisch auf die Programmatik des *Jungen Bern* und die zeitgenössischen politische Entwicklungen. In Cambridge stellte er auch fest, dass ihm «aus der Ferne die ganze

---

118 CN, S. 40.
119 Im *Cambridge-Notizheft* schreibt er: «Die Bewegung, der ich mich anschliessen würde, wäre auch Anti-Establishment, käme auch mit bürgerschreckenden Forderungen, aber nicht im Namen Marxens, und würde sich gegen die östliche Bürokratie genauso wenden wie gegen die Heiligkeit des Privateigentums. Marxismus ist dort für jene eine Verlegenheitsfüllung, wo im Grunde ein ideologisches Loch klafft.» (CN, S. 115)

Berner Juristenfakultät immer steriler vor[kommt]».[120] Ihn stieß ab, «mit was für braven Bubi von Assistenten» sich die Professoren seinem Eindruck nach umgeben, «nur um sicher zu sein, dass sie ihre Autorität nicht etwa aufs Spiel setzen müssen».[121] Weder an Ideen noch bloß an Zeit fehlte es Matter wohl, die Arbeit an der Habilitationsschrift abzuschließen. Ihm wurde vermutlich klar, dass er (zumindest vorderhand) nicht mehr so viel Zeit an der Universität verbringen wollte.

Als Beamter wird Matter zuerst zur Überarbeitung der behördlichen Reglemente eingestellt, danach übernimmt er eine Tätigkeit als Rechtskonsulent der Stadt Bern. Als solcher berät er die Gemeinde juristisch und vermittelt bei Beschwerden von Bürgerinnen und Bürgern, steht damit also an einer Gelenkstelle zwischen Staat und Gesellschaft.[122] Wenig später übernimmt er auch wieder einzelne Lehraufträge an der Universität und beteiligt sich an einer Vortragsreihe, arbeitet seinen dortigen Beitrag zu einem Zeitungsartikel um.

Auf die Frage der Vermittlung des pluralistischen Staatsverständnisses gibt Matter damit gewissermaßen praktische Antworten: Bei all diesen Tätigkeiten geht es um einen ‹ service public › im Sinn der pluralistischen Theorie; um die Verständigung zwischen Behörden und Bevölkerung, um die Vermittlung politischen Wissens an Studierende und eine auch breitere Öffentlichkeit – und um Letzteres geht es, wie ich

---

120 CN, S. 43.
121 CN, S. 71.
122 Über seine Tätigkeit als Rechtskonsulent gibt Matter im Gespräch mit Franz Hohler Auskunft (vgl. Hohler 1977/1992, S. 12; dazu ferner S. 39– 46). Angaben dazu finden sich auch in der Biografie von Wilfried Meichtry (2013, S. 250–253).

im dritten Teil des Essays argumentieren möchte, auch in seinen Liedern.

Nach seiner Rückkehr aus Cambridge hat Matter nicht nur einen neuen Beruf angetreten. Bis dahin als Teil des Kollektivs der *Berner Troubadours* unterwegs, stellt er nun auch sein erstes eigenes abendfüllendes Chanson-Programm auf die Beine. In diesem Programm spielt er eine Reihe von Liedern, die in Cambridge entstanden sind und mit den Themen und Überlegungen seiner dortigen Arbeit in enger Verbindung stehen. Um diese Neuausrichtung seiner künstlerischen Arbeit im Zusammenhang der Entwicklung seines politischen Denkens noch genauer zu beschreiben, gehe ich vor der Besprechung dieser Lieder aber noch auf die erwähnten Aufsätze Matters über Politik ein.

Politische Artikel

Matter hat ab Mitte der 60er-Jahre drei längere politische Artikel veröffentlicht. (Seit ihrem ersten Erscheinen nicht mehr wieder aufgelegt, finden sie sich in Anschluss an den Essay abgedruckt.)[123] Der erste erschien 1964 im Sammelband *Der Magnet*; einem, so der Untertitel, *Begleiter für junge Leute*. Die Themen dieses Buchs sind breit gefächert: Der Abenteuerautor René Gardi schreibt über das Reisen, der Generalstabsoffizier Ernst Wetter über die Luftfahrt, ein Beitrag der Frauenrechtlerin Laure Wyss geht der Frage nach: *Make-up, ja oder nein?*, und der Artikel des als Sänger noch kaum bekannten Hans Peter Matter trägt den Titel: *Der Mut zum Politisieren.*

---

[123] Die Stellen aus Texten hier im Band sind den Angaben im Folgenden in eckigen Klammern beigefügt.

Matter nähert sich seinem Thema mit der Unterscheidung von zwei Bedeutungen des Worts ‹Politik›. Mit der einen sei der «Inhalt, das Ziel der Politik» gemeint, also eine bestimmte politische Überzeugung. Die andere Bedeutung von ‹Politik› betreffe «die Form, in der sie sich abspielt». Matter interessiert vor allem die zweite Bedeutung: der Politik als «Kunst», als «Strategie, derer sich der Politiker bedient». Es genüge nicht, «daß er nach bestem Wissen und Gewissen die politischen Fragen entscheidet. Er muß seine Meinung auch zur Geltung bringen.» Indem sich der Politiker zugleich gewissenhaft und strategisch verhalten müsse, sei er ein notwendig «zwiespältiges Wesen».[124]

Das ‹Politisieren›, so Matter für das junge Lesepublikum didaktisch, sei nicht den Politikern alleine überlassen: In einer Demokratie verstehe sich als «Herrscher das ganze Volk. Jeder einzelne muß sich verantwortlich fühlen, muß ein Gewissen haben für das Wohl des Staates. Neben dem Privatgewissen für sein eigenes Handeln gleichsam noch ein zweites, ein Staatsgewissen!»[125] Sich in gesellschaftliche Debatten aktiv einzubringen, bedinge den titelgebenden «Mut zum Politisieren», den Matter wie folgt umreißt:

Man darf die Auseinandersetzung nicht scheuen. Man muß es auf sich nehmen, von andern, wirklich oder scheinbar, widerlegt zu werden und damit lächerlich zu erscheinen [...]. Vielleicht finden sich andere, die den Mutigen unterstützen, vielleicht auch nicht. Er muß es darauf ankommen lassen.[126]

---

124 MzP, S. 192 [122 f.].
125 MzP, S. 195 [125 f.].
126 MzP, S. 196 [126 f.].

Bezeichnend für diesen früheren Text ist, dass er nicht Parteien und politische Organisationen ins Zentrum rückt, sondern das Agieren des Einzelnen. Wie Matter neben dem ‹ privaten › das ‹ Staatsgewissen › so weit ins Zentrum seiner Argumentation rückt, ist noch im Sinn der Programmatik des *Jungen Bern* zu verstehen: eines Politisierens jenseits « ideologischer Bindungen ».[127]

Auch hierbei spielt die Bereitschaft zum Dissens schon eine wichtige Rolle: Auch das ‹ Staatsgewissen › ist keine objektive Kategorie. Es bestehen unterschiedliche Auffassungen des Gemeinwohls. Seine Vorstellung davon zu vertreten, bedeutet das Risiko, widerlegt zu werden (‹ wirklich oder scheinbar ›), gegebenenfalls auch ‹ lächerlich zu erscheinen ›. Sich diesem Risiko zu stellen, braucht Mut.

Was im Artikel für das jugendliche Publikum teils schematisch gehalten ist, detailliert Matter zwei Jahre später, 1966, in einem Beitrag zum Jahrbuch der *Neuen Helvetischen Gesellschaft* in akademischerem Stil. Wichtiger Bezugspunkt dieses Artikels, *Der Bürger und die demokratischen Institutionen*, ist bereits hier das Buch *Helvetisches Malaise* des Rechtsprofessors Max Imboden, mit dem sich Matter auch in seinem *Cambridge-Notizheft* beschäftigen wird. Matters dortige Haltung ist hier bereits angelegt: Imbodens Diagnose einer mangelnden politischen Beteiligung der Schweizer Bevölkerung teilt er,[128] dessen Rezepte dagegen lehnt er überwiegend ab.

---

127 Sh, S. 84 f.

128 Auch Matter fände « wünschbar [...], daß die wichtigen politischen Fragen mehr Bürgern etwas bedeuteten » (BdI, S. 56 [143]). – Wie die Protokolle der Tagungen der schweizerischen Staats- und Verwaltungsrechtslehrer zeigen, an denen Matter teilgenommen hat, bestehen Übereinstimmungen zwischen seinen und Imbodens Ansichten auch in anderen Punkten. Ähnlich wie Matter sich in seiner Dissertation für die Stärkung der Gemeinden den Kantonen ge-

Eine stärkere Beteiligung der Bevölkerung vor allem anhand weiterer direktdemokratischer Instrumente erwirken zu wollen, wie Imboden dies vorschlug, beruhe « letztlich auf einem dezisionistischen Denken, in dem zugunsten der Entscheidung das Gespräch und der Ausgleich zu kurz kommen ».[129] Man hänge hier einer veralteten Vorstellung der « Herrschaft des souveränen Volkes » nach, imaginiere dieses « personifiziert auf dem Herrscherstuhle sitzend ».[130] Matter führt dieses Bild witzig weiter: Wenn Imboden verlangte, « es müßten dem Volk mehr ‹ Alternativen › vorgelegt werden, so steigt der Verdacht auf, er denke dabei an eine Helvetia, die sich eine Speisekarte vorlegen läßt ».[131] Mehr würde erreicht, so Matter, wenn man der Bevölkerung besseren Einblick in die bestehenden Formen der Parlamentstätigkeit verschaffte.[132]

Matters Kritik am Souveränitätsgedanken ist schon deutlich von seiner Auseinandersetzung mit der pluralistischen Staatstheorie geprägt. Wie er später auch in der Habilitationsarbeit argumentieren wird, bedingt die weitere Demokratisie-

---

genüber eingesetzt hat, erwähnt er auf einer der Tagungen: « Das führt praktisch zur Auffassung des verstorbenen Max Imboden, der sich das Bundesgericht ja jetzt angeschlossen hat, daß auch eine Verletzung von Gemeinderecht durch kantonale Instanzen vom Bundesgericht gerügt werden soll.» (vgl. PvS, S. 568) – Zu den Tagungen der schweizerischen Staats- und Verwaltungsrechtslehrer vgl. den Artikel des Staatsrechtlers Andreas Kley (2010, dort zu Matter S. 43 f.).

129 BdI, S. 50 [135]. – Mit der Kritik am ‹ Dezisionismus › spielt Matter vermutlich auf die politische Theorie Carl Schmitts an, eines prominenten Gegners der pluralistischen Lehre (und später Rechtstheoretiker im Dienst der Nationalsozialisten). Wie Benjamin Schindler anmerkt (DpS, S. 16, 32), finden sich im Nachlass Aufzeichnungen, in denen sich Matter kritisch mit Schmitts Theorie auseinandersetzt (Signatur *A-04-b/01*).

130 BdI, S. 47 [131].

131 BdI, S. 48 [131].

132 Vgl. BdI, S. 52 [137].

rung der Gesellschaft einen weit über Aspekte der Gestaltung politischer Entscheidungsprozesse hinausreichenden ‹service public›.[133] Die Konzentration auf den Ausbau von politischen Instrumenten verkenne zudem die Vielfalt der Möglichkeiten zur Beteiligung der Bevölkerung: «Nicht umsonst beruhen alle unsere großen Gesetzgebungswerke auf Entwürfen eines einzelnen Privaten und nicht auf Verwaltungsentwürfen.» Daher sei zu wünschen, dass «die Verwaltung vermehrt zu einer Clearing-Stelle der Ideen Privater würde, die in ihrem Denken freier sind als sie».[134]

Wie sich im *Cambridge-Notizheft* gezeigt hat, wird Matter manche Überlegungen dieser ersten beiden Artikel revidieren: Der betont unideologische Initiativgeist Einzelner, den er über die gesellschaftlich polarisierte Diskussion stellt, wird ihm rückblickend als zu wenig durchsetzungsfähig erscheinen. Dass zu solcher Polarisierung dagegen keine Erweiterung politischer Verfahren vonnöten ist, plausibilisiert sich in der Folgezeit: Sie wird sich Ende der 60er-Jahre auch ohne neue direktdemokratische Instrumente ergeben. Wenn Politik aber nur zum Teil eine Frage staatlich organisierter Entscheidungsprozesse ist: Wie ist mit der polarisierten gesellschaftlichen Situation umzugehen?

Mit dieser Frage beschäftigt sich der dritte und letzte politische Artikel Matters. Ihm liegt das vorher erwähnte Referat zugrunde, das er 1970 im Rahmen eines Vortragszyklus gehalten hat: Prominente Vertreter aus Wirtschaft und Politik äu-

---

133 «Notwendig wäre, sich ohne Dogma über die Funktionen klar zu werden, die unsere Institutionen erfüllen sollen und können, und zuversichtlich und aufgeschlossen das Nötige zu tun, um ihre Erfüllung zu ermöglichen.» (BdI, S. 57 [143])
134 BdI, S. 55 [141].

ßerten sich dort zur Entwicklung der *Schweiz seit 1945*. Matters Vortrag, der die Reihe abschloss, trug den Titel: *Die Schweiz seit 1945 aus der Sicht der jungen Generation*.

Am Anfang des Referats zeichnet er die Sozialisierung der jüngeren Generation nach. In der Nachkriegszeit sei man mit einem «Fehlen jeder parteipolitischen Bewegung» aufgewachsen: Wenn «die Parteien alle gleich oder ähnlich denken und wenn alle gleichermaßen für das, was geschieht, mitverantwortlich sind, wo soll sich da einer hinwenden, der mit dem, was geschieht, nicht einverstanden ist?»[135] Dieses Fehlen politischer Ausdrucksmittel habe den Blick für «ideologische Differenzen» zwischen Generationen verstellt, die «quer durch die Parteigruppierungen hindurchgehen».[136] Obwohl in sich nicht homogen,[137] zeige sich die Tendenz, dass die Älteren «militaristischer, antikommunistischer, autoritärer», die Jüngeren dagegen «pazifistischer, linksstehender, antiautoritärer»[138] seien.

Politisch sei dies lange verkannt worden. Die Parteien hätten den Eindruck erweckt, «als bestünden in unserer Gesellschaft keine eigentlichen ideologischen Differenzen mehr».[139] Dadurch habe sich der Konflikt verschärft:

Man kann seiner Überzeugung nicht mit dem Stimmzettel Ausdruck geben, weil in diesen Dingen die Fronten nicht als politische Gruppierungen in Erscheinung treten. Dadurch

---

135 SjG, S. 346 [155 f.].
136 SjG, S. 348 [158].
137 Die jüngere Generation reiche «von denen, die mit unserer Gesellschaft so sehr einverstanden sind, daß sie nicht warten können, ins große Geschäft einzusteigen, bis zu denen, die mit ihr so wenig einverstanden sind, daß sie nicht warten können, sie vollständig zu revolutionieren» (SjG, S. 340 f. [146]).
138 SjG, S. 348 [158].
139 SjG, S. 347 [157 f.].

*wird die Auseinandersetzung in demokratischen Formen ih-
rer Substanz beraubt, während gleichzeitig die Auseinandersetzung außerhalb jener Formen an Schärfe und gegenseitiger
Intoleranz gewinnt [...].*[140]

Die ideologische Spaltung der Generationen Ende der 60er-
Jahre ist nach Matters Deutung die Folge mangelnder Reakti-
onsfähigkeit politischer Organisationen auf die veränderte gesellschaftliche Situation: Er selbst, so Matter autobiografisch,
habe die Lösung zunächst in einer Kleinpartei gesucht. Wie
im *Cambridge-Notizheft* festgehalten, führt er auch hier aus,
dass sich gezeigt habe, dass «wegweisende Impulse [...] kaum
von einer Splitterpartei ausgehen»[141] könnten. Aufgabe politischer Parteien und Organisationen sei daher, sich dieser veränderten Lage anzupassen: Nur so seien die gesellschaftlichen
Auseinandersetzungen wieder in die Form des politischen
Diskurses zu übertragen.

Grundlage neuer gesellschaftlicher Verständigung sei die Anerkennung des Gegenübers: Man könne verstehen, dass jene,
welche die Entbehrungen erlebt haben, die der Krieg auch in
der Schweiz mit sich gebracht hatte, in den Studentenprotes-
ten «ein leichtfertiges Aufs-Spiel-Setzen des sozialen Friedens» sähen. Doch sei wenig damit getan, wenn man in anti-
kommunistische Parolen verfalle; «nicht alle jungen Leute
setzen sich auf Tramschienen»[142] (eine Anspielung auf die
Verkehrsblockaden unter anderem während des Globus-Kra-
walls).[143]

---

[140] SjG, S. 348 [158 f.].
[141] SjG, S. 347 [157], vgl. oben S. 60.
[142] SjG, S. 342 [149].
[143] Vgl. dazu oben die Fußnote 73.

Ein Interesse der Jugend an kommunistischen Ideen bedeute nicht, «daß sie alle mit dem Osten liebäugeln, daß nicht auch sie überwiegend die Ereignisse in der Tschechoslowakei z.B. verurteilen».[144] – Während Matter im *Cambridge-Notizheft* zu einem eher pauschalen Blick auf die Studentenunruhen neigte, rechnet er der Jugend also hier seinen dort eigenen, differenzierteren Blick zu.[145] – Der Verweis auf die Verheerungen des Sowjet-Kommunismus erübrige nicht jede Kritik an der bestehenden Wirtschaftsordnung: Die «freie Marktwirtschaft» habe zwar den Aufschwung der Nachkriegszeit gebracht und sich «sehr erfolgreich im Erfinden von hundert verschiedenen Zigarettenmarken und Geschirrspülautomaten» erwiesen, so Matter sarkastisch; «nicht ganz so erfolgreich» habe sie sich indessen «im Bereitstellen von Altersheimen, Spitälern, Ausbildungsmöglichkeiten und dergleichen»[146] gezeigt.

Die «Demokratisierung der Wirtschaft»[147] war schon im *Cambridge-Notizheft* ein Anliegen, und auch sonst tauchen hier viele der dortigen Überlegungen und Forderungen zur gesellschaftlichen Erneuerung auf: Bildungsgerechtigkeit, die Einführung des Frauenstimmrechts, gerechtere Steuergesetze und der Ausbau von Entwicklungshilfe.[148] Diese Forderungen vertritt Matter jedoch nicht, ohne zugleich vor «gegenseitiger Intoleranz»[149] zwischen den gesellschaftlichen Gruppen zu warnen.

---

144 SjG, S. 345 [153 f.].
145 Auch Matter hatte ja einige Hoffnung auf die Entwicklungen in der Tschechoslowakei gesetzt (vgl. CN, S. 40).
146 SjG, S. 349 [160].
147 CN, S. 41.
148 Vgl. SjG, S. 350 f. [162 f.] (Bildungsgerechtigkeit), 347 [156] (Frauenstimmrecht), 349 [160 f.] (Steuerpolitik) und 450 [162] (Entwicklungshilfe).
149 SjG, S. 348 [159].

In seiner Mischung von politischen Forderungen und dem Bemühen um Verständigung ist dieser Artikel nicht nur inhaltlich, sondern auch in seinem Gestus interessant. In gewissem Sinn ist dessen Aussage bereits in der Form des Texts enthalten, denn Matter argumentiert auf zwei Ebenen zugleich: Einerseits vertritt er die Perspektive der jungen Generation; er kritisiert die Politik der Nachkriegszeit, prangert Wirtschaftsgläubigkeit und Antikommunismus an, wirbt für soziale Reformen. Andererseits aber reflektiert er über die demokratische Kultur an sich, nimmt die gesellschaftliche Diskursdynamik als Ganze in den Blick. In dieser Doppelperspektive erkennt man unschwer das Laski'sche Prinzip des ‹Konsenses zur Uneinigkeit› wieder.

Da Matters Referat das letzte der Vortragsreihe war, konnte er auf die anderen Beiträge Bezug nehmen; was er teils zustimmend, teils kritisch tat, immer aber in konziliantem Ton. Zur Druckfassung merkt er an, er habe den Vortragstext kaum verändert, um die «Form einer Plauderei»[150] beizubehalten. Das ist zwar ein süffisantes Understatement (von bloßer ‹Plauderei› kann angesichts der geschickt konstruierten Struktur keine Rede sein). Richtig ist aber, dass der Text bis in grammatikalische Formen hinein dialogisch verfährt.

Diese dialogische Anlage reicht bis in die Grammatik der Sprecherposition hinein: Erhebt Matter politische Forderungen im Namen eines ‹Wir› (im Sinn von: «wir, die Jungen»),[151] macht er zugleich in Ich-Form auf die Wichtigkeit eines konsensuellen Rahmens für den gesellschaftlichen Diskurs aufmerksam. Ein Gedicht, in dem der junge Schriftsteller Hans Mühlethaler das Pathos der schweizerischen Volksmy-

---

150 SjG, S. 354 [145].
151 SjG, S. 344 [153].

thologie kritisiert, kommentiert er so: «Wenn <u>wir</u>, die Jungen, so etwas lesen [...], so teilen <u>wir</u> diese Einstellung ohne weiteres. Aber <u>ich</u> weiß, daß sich da ältere Leute gewaltig ärgern.»[152]

Im Changieren zwischen partikularer ‹Wir›-Position und pluralistischer ‹Ich›-Perspektive kann sich derselbe Text zugleich an beide Seiten richten: Bei der saturierten Zuhörerschaft der Ringvorlesung wirbt er um Verständnis für die Anliegen der jungen Generation, die Jungen (zu denen er altersmäßig auch nur bedingt gehört) bestärkt er in ihrer Haltung und mahnt zugleich einen positionsübergreifenden Diskurs an. Aufgrund dieser Anlage konnte der Text auch zweimal, an völlig unterschiedlichen Orten, erscheinen: im Sammelband der Vortragsreihe und in der Jugendbeilage des *Tagesanzeigers*.[153]

Die Frage nach dem ‹Politischen›

In seinen drei Artikeln hat Matter für unterschiedliche Adressatengruppen argumentativ kondensiert und konkretisiert, was er in seinen Tagebüchern und dem *Cambridge-Notizheft* im Privaten entwickelt hatte: Im ersten Artikel, von 1964, unterschied er zwei Begriffe von Politik: Der erste bezog sich auf inhaltliche Überzeugungen, der zweite auf die Form des ‹Politisierens›. Zu solchem auch konflikthaftem ‹Politisieren› ermutigte er seine junge Leserschaft – bei gleichzeitiger Anmahnung eines ‹Staatsgewissens›. Im zweiten Artikel, 1966, hob er in akademischem Gestus die Notwendigkeit von Gespräch und Konsens hervor. Wie im ersten

---

152 SjG, S. 344 [153], Hervorheb. NP.
153 Im «Extrablatt der Jugend» des *Tagesanzeigers* erschien eine von Matter gekürzte Version des Texts. Die einzelnen Formulierungen bleiben aber unverändert (vgl. Nb).

Artikel waren hier die «einzelnen Privaten»[154] Ausgangspunkt der Argumentation.

Im Artikel von 1971 kombinierte er beide Haltungen: Älter als die Jungen, aber jünger als die anderen Referenten der
Ringvorlesung, trat er zugleich als Vertreter der Anliegen der
Jugend und als elaborierter Diskussionspartner der arrivierten
Vortragenden auf. Die zuvor ‹unideologische› Haltung des
Einzelnen erlebt damit eine Revision, indem die Zugehörigkeit zu unterschiedlichen Formen von Kollektiven eine Rolle
spielt: Matter changiert in seinem Vortrag zwischen der
‹ideologischen› Perspektive politischer Überzeugungen und
einem davon abstrahierten Blick auf das Ganze des gesellschaftlichen Diskurses.

In einem Entwurf aus dem Nachlass fasst er dieses Prinzip
zusammen: Der Staat verlange «vom Bürger ein Doppeltes:
grundsätzliche Zustimmung, denn sonst kann er nicht leben», und «Kritik im Einzelnen, sonst erstarrt er».[155] Die
Logik des konsensuellen Konflikts nach Laski liegt bereits der
Haltung der Einzelnen zugrunde. Und im Bezug darauf lässt
sich anhand eines später in der politischen Theorie geprägten
Begriffs nochmals genauer umreißen, in welchem Sinn im
Folgenden nach dem ‹Politischen› in Matters Liedern ge-
fragt wird.

Autorinnen und Autoren der sogenannten ‹postfundamentalistischen› Philosophie (sie stammen grosso modo aus Mat-

---

[154] BdI, S. 55 [141].
[155] So Matter im undatierten Textentwurf *Politik als Weg und Aufgabe* (Wke,
S. 112–121, hier 121).

ters Generation)[156] haben seit den späten 1970er-Jahren Theorien entwickelt, in denen sie von einer ähnlichen Unterscheidung des Politikbegriffs ausgehen: zwischen *der* ‹Politik› und *dem* ‹Politischen›.[157]

Unter ‹Politik› verstehen sie die staatlichen und gesellschaftlichen Institutionen sowie die von ihnen organisierten Verfahren der politischen Diskussion und Entscheidung. Es geht hier also um jene Bereiche in der Gesellschaft, in denen Politik ‹gemacht› oder ‹umgesetzt› wird. Das ‹Politische› dagegen bezeichnet in einer Demokratie das allgemeine gesellschaftliche Selbstverständnis, auf das sich die staatlich organisierten Verfahren der ‹Politik› beziehen (oder diesen Theorien nach zumindest beziehen sollten).[158]

Manche Theorien dieser Richtung interessieren sich insbesondere für die Rolle des Konflikts: Ihnen zufolge entsteht eine Gesellschaft überhaupt erst, indem sie sich mittels kontrovers geführter Debatten über sich selbst verständigt.[159] In der Kontroverse muss jedoch ein demokratischer Rahmen ge-

---

156 Dies sind Autorinnen und Autoren wie Claude Lefort (1924–2010), Ernesto Laclau (1935–2014), Jean-Luc Nancy (1940–2021), Chantal Mouffe (* 1943), Slavoj Žižek (* 1949) und Wendy Brown (* 1950).

157 Im Französischen: *la* politique und *le* politique, im Englischen: *politics* und *the political.*

158 Ohne Kultivierung der politischen Auseinandersetzung in der Breite der Bevölkerung entleeren sich demokratische Prozesse zu bloß noch pro forma abgehaltenen Ritualen, so die Kritik von Colin Crouch (2004) an ‹postdemokratischen› Zuständen. Zunächst unbemerkt, können sich so umso größere und daher gefährlichere gesellschaftliche Spannungen ergeben.

159 Diese Position entwickelt Claude Lefort in seinem Buch *L'invention démocratique* (1981): Den politischen Streit versteht er darin nicht als Prinzip von verfeindeten Gruppen innerhalb einer bestehenden Gesellschaft. Seinen Thesen nach konstituiert sich eine Gesellschaft vielmehr überhaupt erst in der kontroversen Verständigung über die Themen, die sie betreffen.

währt bleiben:[160] Ziel kann nicht sein, den politischen Gegner endgültig ausstechen zu wollen. Im steten Ringen um die Geltung ihrer Anliegen tragen die verschiedenen Gruppen vielmehr zu einem offenen Prozess der immer wieder neuen Aushandlung des gesellschaftlichen Selbstverständnisses bei.[161]

Die Parallelen zwischen Matters Pluralismuskonzept und den Überlegungen der postfundamentalistischen Theorie gehen über die Ähnlichkeiten im Politikbegriff und dem daraus abgeleiteten Prinzip eines konflikthaften Konsenses hinaus: Auch hier stellt die politische Theorie Harold Laskis einen Bezugspunkt dar – bei gleichermaßen kritischem Blick auf dessen späte Publizistik.[162] Auch die Autorinnen und Au-

---

[160] Chantal Mouffe befasst sich in ihrem Buch *The Democratic Paradox* (2000) mit dem Begriff der liberalen Demokratie. Die konstitutiven Prinzipien dieses Konzepts – Freiheit und Gleichheit – verstehe man, so Mouffe, zu Unrecht als quasi feststehende Formel: Zwischen Werten der Freiheit (der demokratischen Entscheidung) und der Gleichheit (in der Anerkennung liberaler Institutionen) bestehe vielmehr eine grundlegende Spannung, sodass ihr Verhältnis in der politischen Debatte immer wieder neu zu bestimmen sei. In ihrem Buch *Agonistics. Thinking the World politically* (2013) untermauert Mouffe die für solche demokratische Aushandlung zentrale Unterscheidung zwischen den Auslöschungsfantasien von Feinden im Bürgerkrieg und dem, was sie als ‹agonistische› Haltung politischer Gegner bezeichnet: einer konfliktbereiten Haltung, in der die liberalen Institutionen anerkannt werden, die der Polemik Grenzen setzen und so eine demokratische Aushandlung ermöglichen.
[161] Beiträge zur Demokratietheorie unter anderem von Giorgio Agamben, Wendy Brown, Jean-Luc Nancy und Slavoj Žižek enthält der Band *Démocratie, dans quel état?* (2009).
[162] Trotz Vorbehalten gegen einen autoritären Kommunismus sei Laski noch zu stark im Gedanken einer Überwindung des Kapitalismus mit Mitteln der staatlichen Regulation befangen geblieben sei. (Ähnliche Argumente hätte man sich im Schlusskapitel von Matters Habilitationsschrift vorstellen können.) – Vgl. hierzu das Vorwort in Ernesto Laclaus *New Reflections on the Revolution of*

toren der postfundamentalistischen Philosophie halten an den emanzipatorischen Anliegen der Arbeiter- und Studentenbewegungen fest, während sie die Kategorien eines dogmatischen Marxismus ablehnen.[163] Und wie für sie, so bedeutet Emanzipation auch für Matter nicht Revolution, sondern eine stetige, immer aufs Neue zu leistende Vermittlungsarbeit.[164]

Es geht mir nicht darum, Matter im Nachhinein einer bestimmten Schule zuzurechnen.[165] Der in der postfundamen-

---

our Time (1990, S. xi–xvi), dessen Titel den programmatischen Bezug zu Laskis Schrift *Reflections on the Revolution of our Time* von 1943 schon andeutet.

[163] Grundlegend haben den Gedanken der kulturellen statt wirtschaftlichen Konstitution politischer Gruppen Ernesto Laclau und Chantal Mouffe in ihrem Buch *Hegemony and Socialist Strategy* (1985) ausgeführt. Ähnlich versteht auch Matter den Menschen nicht als primär wirtschaftlich, sondern vor allem kulturell bestimmtes Wesen. In seinem Tagebuch schreibt er 1969: «Erstaunlicherweise hat auch und besonders der Marxismus, [...] dessen Ziel einer freien Gesellschaft keineswegs nur aufs Wirtschaftliche ausgeht, die Voraussetzung des homo oeconomicus übernommen [...]; aber daß die materiellen die wahren Interessen seien, das ist auch nur ein Glaubenssatz [...]. Die Geschichte ist [...] nicht nur eine Geschichte von Klassenkampf, sondern auch von Glaubenskämpfen.» (Sh, S. 130 f.)

[164] In dem Entwurf *Politik als Weg und Aufgabe* sieht Matter den Staat «nicht wie die Kommunisten meinen» als «etwas, was in Zukunft einmal fertig sein wird, so dass man dann die Hände in den Schoss legen kann und nicht mehr zu politisieren [hat]. [...] Der Glaube, es werde einmal fertig sein, ist gefährlich.» (Wke, S. 112–121, hier 113)

[165] Es handelt sich bei diesen Theorien auch nicht um eine wirkliche ‹Schule›; dafür sind die Ansätze im Einzelnen zu verschieden (vgl. etwa den Band *Contingency, Hegemony, Universality. Contemporary Dialogues On The Left* (2000), in dem sich Judith Butler, Ernesto Laclau und Slavoj Žižek um die Formation linker Positionen streiten). Oliver Marcharts Studie zum Begriff des Politischen (2010) unterscheidet grundlegend zwischen zwei Linien der postfundamentalistischen Theorie: einer, die von einem harmonischen Gesellschaftsbild ausgeht (u. a. Jean-Luc Nancy und Philippe Lacoue-Labarthe), und einer, die immer bloß punktuellen Konsens nur unter Voraussetzungen einer grundlegenden Kultur des gesellschaftlichen Streits versteht (u. a. Claude Lefort, Ernesto Laclau und Chantal Mouffe).

talistischen Theorie geprägte Begriff des ‹Politischen›
scheint mir aber geeignet, sein Interesse an dem Prinzip des
konsensuellen Konflikts zu umreißen: als einer Angelegenheit
der gesamten Bevölkerung, grundiert von einer Haltung, die
eine Mischung zwischen Engagement und Kompromissbereit-
schaft, der Entschiedenheit der eigenen Ansicht und der Anerkennung der Vielgestaltigkeit der Gesellschaft prägt.

In diesem Sinn fragt dieser Essay nach dem ‹Politischen›
bei Mani Matter: inwieweit seine theoretischen Überlegungen und seine Dichtung in ihrer Reflexion über Voraussetzungen gesellschaftlicher Verständigung über politische Fragen miteinander verbunden sind.

Das Politische in Mani Matters Liedern

Eingangs habe ich schon etwas aus den Interviews zitiert, in denen Matter politische Aspekte seiner Chansons kommentiert. Im *Bieler Tagblatt* spricht er 1971 eher spöttisch über Liedermacher, die «ihr ‹Engagement› mit dem Holzhammer zum Ausdruck bringen». Wie er weiter ausführt, eigne sich das Berndeutsch dafür auch nicht: Im Dialekt wirke schnell «pathetisch», wenn man «sich vom Alltäglichen entfernt und grosse Worte machen will».[166]

Matter erklärt, er wolle nicht primär «zu Konflikten Stellung beziehen». Vielmehr liege ihm daran, dass beim Publikum «Zweifel aufkommen, ob wirklich alles in bester Ordnung ist».[167] Ein Jahr später sagt er im Interview mit der Frauenzeitschrift *Femina*: «[S]owohl meine private als auch meine berufliche Tätigkeit hat immer mit Politik zu tun. Auch sind einige meiner Chansons als Modelle für politische Sachverhalte zu verstehen.»[168]

Politische Positionierungen fehlen in Matters Liedern nicht völlig: In *Hemmige* kommt ein besorgter Blick auf die Weltlage zum Ausdruck. In *Wo mir als Bueben emal* spielt das Thema des Umweltschutzes eine Rolle. Die Sympathien für Außenseiterfiguren wie den *Dällebach Kari* lassen an seine Forderung zu sozialer Teilhabe denken. *Dene wos guet geit* kann man mit seinen Forderungen nach Bildungsgerechtigkeit und einem Ausbau der Entwicklungszusammenarbeit in Verbindung bringen.

---

166 *Bieler Tagblatt,* 19.3.1971, unpaginiert.
167 *Bieler Tagblatt,* 19.3.1971, unpaginiert.
168 *Femina,* 22.9.1972, S. 64.

Solche Bezüge sind aber gewöhnlich indirekt und bleiben verschieden interpretierbar. Was hat man sich indessen unter den besagten ‹Modellen für politische Sachverhalte› vorzustellen?

«Modelle für politische Sachverhalte»

Modelle zeigen Dinge vereinfacht. Sie können bestimmte Aspekte dessen, was sie abbilden, akzentuieren. Auch hat die Frage, wovon man überhaupt ein Modell anfertigt, damit zu tun, was einen interessiert. Grundsätzlich aber bedeutet das Modellieren erst mal, einen Sachverhalt in verändertem Maßstab nachzustellen.

Das Nachstellen ist eine Tätigkeit, die den Figuren im Lied *Dr Hansjakobli u ds Babettli* gefällt: Abwechselnd positionieren sie sich unter beziehungsweise auf einem Küchenhocker: Die obere Person stampft laut, die untere reklamiert lauthals. Dieses Spiel bildet zunächst Nachbarschaftsverhältnisse ab.[169] Am Schluss des Lieds baut Matter die Szene jedoch unversehens zu einer politischen Allegorie um: Es sei jeder «gärn dä wo obenabe stampfet», nicht alle zeigten sich aber «wie ds babettli / so harmlos uf sim taburettli». «Drum», resümiert

---

169 Matter erzählt in einem Interview, die Szene sei nach einer Kindheitserinnerung von Joachim Ringelnatz gestaltet (*Schwyzer Zeitung*, 13.3.1970, unpaginiert). In Ringelnatz' autobiografischem Band *Mein Leben bis zum Kriege* findet sich die Erinnerung an «folgendes, oft stundenlang wiederholtes Spiel: Ottilie kauerte unter dem kleinen Tisch. Ich ging auf dem Tisch mit lauten Trampelschritten hin und her. Ottilie klopfte an. Ich: ‹Herein!› Ottilie krabbelte unterm Tisch hervor: ‹Guten Tag, Herr Müller!› Ich: ‹Guten Tag, Frau Meier!› Ottilie: ‹Verzeihen Sie, ich muß mich beschweren über den furchtbaren Lärm.› Ich: ‹Verzeihen Sie, es soll nicht wieder vorkommen.› Das Spiel war aus, begann abermals, nur daß Ottilie jetzt auf der Tischplatte wohnte und ich darunter.» (Ringelnatz 1931, S. 12)

das Lied: «luegit dass wie hansjakobli / geng einen undenufe toppli».[170]

Die unten sollen sich nicht scheuen, denen oben Paroli zu bieten: ein Votum für das, was Matter in seinem ersten Artikel den *Mut zum Politisieren* genannt hat. (Von Matter nicht eingespielt, aber nicht minder witzig, greift auch das Lied *Oberi und Underi* gesellschaftliche Distinktionsmechanismen auf und führt sie ad absurdum.)[171]

Ein Modell größeren Maßstabs baut das Chanson *Si hei der Wilhälm Täll ufgfüehrt.* Vordergründig handelt das Lied von einer Laienaufführung des Schiller-Stücks, die nach dem frechen Zwischenruf eines Darstellers zu einem Handgemenge unter den Schauspielern, dann zu einer Saalschlacht ausufert. Man kann aber auch dieses Lied als politische Parabel verstehen, und dies bis in unscheinbare Details hinein.

Der Anfang lautet: «si hei dr wilhälm täll ufgfüehrt / im löie z'nottiswil / da bruuchts vil volk, gwüss ds halbe dorf / het mitgmacht i däm spil».[172] Das fiktive Provinznest Nottiswil kann als Sinnbild jeder politischen Gemeinschaft ver-

---

170 LB1, S. 10f.: Es sei jeder *gerne der, der von oben stampfe,* nicht aber jeder *so harmlos wie Babettli auf seinem Küchenstuhl.* Das Resümee lautet: *Seht daher zu, dass wie Hansjakob immer einer von unten hoch poltere.*

171 In dem kurzen, sehr charmanten Stück erklärt Matter, es gebe «oberi» und «underi» (LB2, S. 17: *Obere* und *Untere*) sowie «gwöhnlechi» und «bsunderi» (*Gewöhnliche* und *Besondere*). Beides habe aber nichts miteinander zu tun: «teil oberi sy bsunderi / teil gewöhnlechi sy underi / teil oberi sy gewöhnlechi / teil underi sy bsunderi» *(teils sind Obere Besondere / teils Gewöhnliche Untere / teils sind Obere Gewöhnliche / teils Untere Besondere).* Die meines Wissens erste Aufnahme des Lieds entstand für die Radiosendung *Der unbekannte Mani Matter* (2013), gesungen von dem Chansonnier Lukas Gerber.

172 LB1, S. 12: *Sie haben den Wilhelm Tell aufgeführt / im ‹Löwen› in Nottiswil / da braucht's viel Volk, sicher das halbe Dorf / hat mitgemacht in diesem Spiel.*

standen werden – unter anderem der Schweiz. Die Hälfte des Dorfs steht auf der Bühne, die andere Hälfte schaut zu. Diese hälftige Mitwirkung entspricht der ungefähren Stimmbeteiligung bei eidgenössischen Volksabstimmungen im Entstehungszeitraum des Lieds.[173] Die, die hier spielen, sind Laien; im übertragenen Sinn: Bürger, nicht berufliche Politiker.

Die Aufführung beginnt idyllisch: Das Publikum «het zuegluegt und / isch gschpannt gsy, was passier». Die Frau des Pfarrers spricht als Stauffacherin mit dem Schneider «i wort vo tiefem sinn». Das Publikum «isch grüert gsy».[174] Aus der Bahn geraten die Dinge kurz vor der berühmten Apfelschuss-Szene:

uf ds mal churz vor em öpfelschuss / dr lehrer chunnt als täll sy suhn dä fragt ne dis und äis / da rüeft dert eine schnäll wo undrem huet als wach isch gstande / so dass's jede ghört: wiso fragt dä so tumm het dä / ir schuel de nüt rächts glehrt?[175]

Diese Szene aus dem dritten Akt ist eine in Schillers Stück ganz zentrale Passage: Was Tells Sohn Walther fragt – und was bei Matter salopp als ‹dies und das› zusammengefasst wird –, gehört zu den pathosgeladensten Momenten des Dra-

---

173 Die Stimmbeteiligung schwankt zwischen 1955 und 1965 zwischen etwas über 40 bis 55,5 Prozent – vgl. die Aufstellung zur *Entwicklung der Stimmbeteiligung bei eidgenössischen Volksabstimmungen (1911–2020)* des Schweizerischen Bundesamts für Statistik (2021).

174 LB1, S. 12: Das Publikum *hat zugeschaut und war gespannt, was passiere.* Die Frau des Pfarrers spricht *in Worten von tiefem Sinn,* das Publikum *ist gerührt.*

175 LB1, S. 12: *Plötzlich, kurz vor dem Apfelschuss / der Lehrer kommt als Tell / Sein Sohn, er fragt ihn dies und das / da ruft dort einer schnell / der unter dem Hut als Wache stand / so, dass es jeder hört / Wieso fragt der so dumm, hat der / in der Schule denn nichts Rechtes gelernt.*

mas: Ob wahr sei, fragt der Walther seinen Vater, «dass auf dem Berge dort / Die Bäume bluten, wenn man einen Streich / Drauf führte mit der Axt?»[176] – Ja, die Bäume litten, erklärt Tell, sie blieben aber standhaft: «[D]ie Lawinen hätten längst / Den Flecken Altdorf unter ihrer Last / Verschüttet, wenn der Wald dort oben nicht / Als eine Landwehr sich dagegenstellte.»[177]

Auf Walthers Rückfrage: «Gibt's Länder, Vater, wo nicht Berge sind?», antwortet Tell bei Schiller: Ja, die gebe es, «Doch die's bebauen, sie geniessen nicht / Den Segen, den sie pflanzen», denn diese Länder gehörten «dem Bischof und dem König».[178] Mit dieser Aussage über den nötigen Widerstand gegen Bischof und König wird der Tyrannenmord im vierten Akt legitimiert. Tells Widerstand kündigt sich aber schon vorher an: Eben in dieser Szene ‹churz vor em öpfelschuss›, wenn Vater und Sohn bei ihrem Gespräch über Freiheit und Tyrannei an dem auf einer Lanze aufgesteckten Hut des Landvogts Gessler vorbeikommen: Tell soll den Hut grüßen. Dass er dies verweigert, zieht den Apfelschuss nach sich.

Nicht so aber bei Mani Matter. Noch bevor Tell seine Widerständigkeit beweisen kann, wirft der Soldat, der den Hut bewacht, ein: ‹wiso fragt dä so tumm het dä ir schuel de nüt rächts glehrt?› Mit dieser Bemerkung pariert der Wachmann das Unabhängigkeitspathos des Schiller-Texts frech (und im Dialekt). Und nicht nur über das Drama und die Tell-Mythologie macht sich der Wachmann damit lustig: Indem er fragt, ob Walther in der Schule nichts Rechtes gelernt habe,

---

176 Schiller 1804, S. 975.
177 Ebd., S. 976.
178 Ebd.

zielt er auch auf die Autorität dessen, der den Tell spielt. Das ist ja der Lehrer.

In diesen knappen Versen entwickelt Matter ein ganzes Panorama der politischen Situation der Schweiz in den 1960er-Jahren: Auf der einen Seite stehen jene, die dem Pathos der Schweizerischen Nationalmythologie anhängen und weihevolle Verse ‹ i wort vo tiefem sinn › hören wollen. Auf der anderen Seite steht eine Horde von Aufmüpfigen, die für diese großen Worte nur Spott und Hohn übrig hat: Das ist der Generationenkonflikt, den Matter im Vortrag aus dem Zyklus *Die Schweiz seit 1945* beschreibt.

Matter geht es aber nicht nur um einen zeitgeschichtlichen Kommentar, sondern um eine allgemeinere politische Allegorie. Und um diese zu verdeutlichen, dient nichts besser als eine weitere Eskalation der Bühnensituation: Indem der Wachmann nicht nur die Figur des Tell beleidigt, sondern auch den Lehrer, der ihn spielt, reißt er die Grenze zwischen Theaterstück und Wirklichkeit ein. Die Attrappenwaffen erweisen sich nun als taugliche Schlachtinstrumente: Als ein Freund Tells dem Wachmann eine schmiert, stößt dieser seinem Angreifer « mit syr helebarden / eine zmitts i buuch ». Schon kommt von hinter der Bühne « ds volk vo uri z'springe », und alte Fronten leben wieder auf: « die einte, die vo öschterrych, die näh für d'wach partei / die andre, die vo altdorf, für e täll – ei schlegerei ». In diese Prügelei mischt sich nun auch der Saal ein: « jede stillt sy gheimi wuet / es chroose tisch u bänk u ds bier / vermischt sech mit em bluet ».[179]

---

[179] LB1, S. 13: Der Wachmann stößt den Angreifer *mit seiner Hellebarde mitten in den Bauch.* Darauf kommt *das Volk von Uri angerannt* und es kommt zum Tumult: *Die einen, die von Österreich, die nehmen für die Wache Partei / Die anderen, die von Altdorf, für den Tell – eine Schlägerei.* Im Zuge der Schlä-

Tragen die gegnerischen Parteien in der pluralistischen Demokratie ihre Fehden im Wissen um die Partikularität der eigenen Position und die institutionellen Bedingungen des Konflikts aus, so identifizieren sich die Schauspieler in Matters Lied völlig mit ihrer Rolle und Partei: Das theatrale Oppositionsverhältnis geht in tatsächliche Feindschaft über (in der politischen Allegorie: in einen Bürgerkrieg). Diese Übersprunghandlung aus der Repräsentationslogik in den blutigen Kampf macht das Lied auf lustige Weise mit, wenn es gegen Schluss konstatiert, nach zwei Stunden sei «öschtrych gschlage gsy».

Weiter schlimm ist der Tumult nicht: «d'versicherig hets zalt».[180] Matters Schlusssatz aber hat es trotzdem in sich: «si würde d'freiheit gwinne, wenn si däwäg z'gwinne wär». – *Sie würden die Freiheit gewinnen, wenn sie auf diese Weise zu gewinnen wäre.* Eine ironische Pointe von großem Hintersinn: Die heroische Heldenpose, die wehrhafte Erledigung des Gegners, taugt nicht zum Vorbild. So ist die Freiheit nicht zu gewinnen.

Mit diesem eher frühen Lied (es erschien 1966 auf Matters erster EP) sind wir wieder an dem Punkt angelangt, von dem wir oben ausgegangen sind: der Frage nach der Rolle von Gewalt in Matters Liedern. Wie die dortigen Beispiele geht auch dieses Chanson von heimlich schwelender Gewalttätigkeit aus, die sich jederzeit entfesseln kann: Eben noch zeigte sich das Publikum passiv und manierlich – ‹het zuegluegt und isch gschpannt gsy, was passier›. Diese Spannung erscheint

---

gerei *stillt jeder seine geheime Wut / es krachen Tische und Bänke und das Bier / vermischt sich mit dem Blut.*
180 LB1, S. 13: Nach zwei Stunden sei *Österreich geschlagen gewesen. Die Verwüstung hat* die Versicherung bezahlt.

zunächst als Ausdruck von Höflichkeit; eigentlich ist ja bekannt, was im Stück geschieht. Was dann tatsächlich ‹passiert›, ist aber ja etwas anderes; in der Anspannung lag offenbar auch Aggression. Noch im wohlorchestriertesten Ablauf reicht so ein kurzer Moment der Irritation, um ‹geheime Wut› ausbrechen zu lassen.[181]

Ähnlich wie Matters Rede über die junge Generation stellt das Lied die Geschehnisse in doppelter Perspektive dar: Wenn es Walthers pathosreiche Fragen satirisch als ‹dies und das› bezeichnet, entspricht das Chanson ein Stück weit dem Impuls des Wachmanns, der den weihevollen Schiller-Text mit seinem Zwischenruf im Dialekt pariert (man denke an Matters Überlegungen zur Unverträglichkeit des Berndeutschen mit Pathosformeln).[182] Zugleich nimmt das Lied, wie die spätere Rede Matters, auch eine distanziertere Haltung ein: Es gewinnt die Szenerie als Ganze in den Blick und beschreibt, wie sich die gegnerischen Parteien aufs Dach geben.

Beide Perspektiven sind von Humor getragen. In der Schnoddrigkeit des Wachmanns darf man vermutlich auch eine liebevoll-selbstironische Anspielung auf die junge Schweizer Dichtung sehen: Ich habe oben den Verweis in Matters Rede über die junge Generation auf ein Gedicht von Hans Mühlethaler zitiert, über das sich die Jungen freuen und die Älteren ärgern.[183] In diesem Gedicht heißt es: «ich habe nicht gelernt / den hut zu ziehen vor den / vaterlandshymnen», und weiter: «ich habe / mich erinnert daß das

---

[181] Das berühmteste Beispiel einer solchen Kettenbewegung in Matters Chansons ist natürlich das versehentlich heruntergefallene Zündholz, das mutmaßlich einen Flächenbrand, von da aus einen Bürger- und schließlich Weltkrieg auslösen könnte (*Ds Zündhölzli*, LB1, S. 8 f.).

[182] So Matters Aussage im Interview mit dem *Bieler Tagblatt* (19.3.1971, unpaginiert; vgl. oben S. 79).

[183] Vgl. SjG, S. 344 [153]), bzw. oben, S. 72 f.

vaterland einmal / bedroht war von feinden und / heute ist es von hymnen bedroht».[184] Ob es sich bei Matter um eine direkte Anspielung auf Mühlethalers Gedicht handelt oder um einen allgemeinen Verweis auf die Patriotismuskritik der Jungen: Ähnlich dem *Boxmätsch* oder *E Löl, e blöde Siech* ... stützt auch das *Wilhelm-Tell*-Lied mit witzigen Reimen und Klangbildern das Vergnügen am Tumult.

Absurd-witzig ist zugleich im Blick auf die Gesamtheit der Szenerie, wie sich die Gewalt nicht ungeordnet entfacht. Noch wenn Schillers Text schon lange vergessen ist und man die Kartonschwerter als tatsächliche Waffen nutzt, halten sich die Frontlinien aus dem Stück: Es kämpfen die Schweizer gegen die Habsburger, obwohl es sich bei allen Beteiligten doch um Bürger desselben Dorfs handelt. Dass politische Identitäten nicht fraglos gegeben, sondern ein Ergebnis kultureller Konstruktion sind, geht hier vergessen. Das Freund-Feind-Schema setzt sich über jede Gebühr fort.

Beide Seiten gehen von einem Prinzip bewusster Respektverweigerung aus: Die, die das alte Stück spielen wollen, suhlen sich im Pathos von Tells Hutgruß-Verweigerung. Die anderen – wie Mühlethaler formulierte: ‹von hymnen bedroht› – empfinden dieses Unabhängigkeitspathos seinerseits als alten Hut. Anstatt sich über ihre jeweilige Wut im Zeichen eines ‹Konsenses zur Uneinigkeit› zu verständigen und ihr Respektverweigerungspathos etwas zu mäßigen, fühlen sich beide Seiten beleidigt und dreschen aufeinander ein. Der eigentliche ‹Mut zum Politisieren›, der nach Matter das

---

[184] Das Gedicht *was ich zum vaterland sagen soll* erschien im Band *zutreffendes ankreuzen* (Mühlethaler 1967, S. 39). Lied und Gedicht sind wohl etwa im selben Zeitraum entstanden und sowohl Mühlethaler als auch Matter können die Dichtung des anderen vor der jeweiligen Publikation gekannt haben. Wer also gegebenenfalls wen beeinflusst hat, ist unklar.

Risiko einschließt, sich lächerlich zu machen, geht den Kämpfenden in ihrem martialischen Eifer ab.[185]

Den Schaden im Nottiswiler Wirtshaus hat die Versicherung bezahlt. Worin aber besteht diese Versicherung auf der allegorischen Ebene? In den Vorkehrungen, die die Verfassung gegen radikale Ausschläge im politischen Diskurs trifft?[186] Oder hat, wie es Matter in seiner Habilitationsschrift bei Léon Duguit zitiert, die Bevölkerung eine zu große Angst vor Bürgerkrieg, als dass man tatsächlich rechtlose Zustände ausbrechen lassen würde? Diese Frage gibt das Lied den Zuhörerinnen und Zuhörern auf.

Auch schon in diesem frühen Chanson kommen viele Themen auf, mit denen sich Matter in den folgenden Jahren in seiner Habilitationsschrift, in Artikeln und als Redner in theoretischer Hinsicht beschäftigen wird. Die Qualität der Lieder besteht gerade darin, dass man die dortigen Diskurse nicht kennen muss, um die Chansons zu verstehen. Matter gelingt damit, woran Laski scheiterte: Eine Auseinandersetzung über Fragen des Politischen – nach der sinnigen Mi-

---

185 Hier ist man bei einem ähnlichen Thema wie im oben zitierten Lied *Dr eint het Angscht,* in dem gerade das unbedingte Nicht-lächerlich-sein-Wollen umso lächerlicher wirkt. Das Schwinden des Spielraums des Humors beklagte auch das Lied *Dr Gloon.* So ist nicht ironisch zu verstehen, wenn Matter im Interview mit der *Femina* auf die Frage: « Was empfinden Sie beim Anblick eines [...] Heilsarmeeoffiziers? », antwortet: « Die Heilsarmee bewundere ich wegen ihres Mutes zur Lächerlichkeit, ihrer Zivilcourage.» (*Femina,* 22.9. 1972, S. 66)
186 Die Schweizerische Verfassung sieht eine Reihe von Sicherheitsmechanismen zur Hemmung extremer Bevölkerungsentscheide vor: So werden Volksentscheide durch das Parlament in Gesetzesform gebracht, die Regierung wird durch ein Konkordanzprinzip gebildet, dem gemäß alle größeren Parteien in der Regierung vertreten sind und die Kandidaten der jeweiligen Partei auch maßgeblich auf die Unterstützung anderer Parteien angewiesen sind.

schung von Konsens und Uneinigkeit –, ohne in einen didaktischen oder propagandistischen Ton zu verfallen.

Wie aber gelingt Matter das? Worin besteht seine Technik?

Kritik und Ironie

Der Unterschied zwischen Matters theoretischen Schriften und seinen Liedern liegt nicht nur darin, dass die einen in akademischer Prosa geschrieben, die anderen in sich reimenden Versen gesungen sind. Auch politische Botschaften kann man, wie es Matter erwähnt (und ablehnt), in Liedform bringen. Aus den fein gezimmerten theoretischen Überlegungen wäre dann aber wohl der besagte ‹Holzhammer› der Polit-Liedermacher geworden. Wenn Matter auch in seinen Liedern mit feinem Geschick zu Werke geht, dann ist eines seiner wichtigsten Instrumente das Stilmittel der Ironie.[187]

Besonders gut zeigt sich diese Technik im Lied *Dynamit:* Auf dem nächtlichen Nachhauseweg überquert die Ich-Figur des Lieds die Bundesterrasse (die Plattform hinter dem Schweizer Parlamentsgebäude in Bern). Dort trifft er «e bärtige kärli» an, der mit Dynamit hantiert. Der Spaziergänger fragt ihn: «exgüse, aber es gseht fasch so us / wi dass dir da jitze würklech erwäget / das grad id luft welle z'spränge, das hus». Dieser antwortet resolut: «ja, […] es mues sy / furt mit däm ghütt, i bi für d'anarchie».[188]

---

187 Über das Stilmittel der Ironie im Allgemeinen bei Matter schreiben Christine Wirz in ihrer Lizentiatsarbeit (2002, S. 85–91) und Stephan Hammer in seiner Dissertation (2010, S. 255–238).
188 LB2, S. 12: Er trifft *einen bärtigen* Kerl an. – Der Spaziergänger sagt: *Sie müssen entschuldigen, aber es sieht fast so aus / als erwägten Sie da jetzt wirklich / dieses Haus eben in die Luft sprengen zu wollen.* Der Anarchist antwortet: *Ja, es muss sein / weg mit der Hütte, ich bin für die Anarchie.*

Schon in diesem ersten Austausch kommen mehrere satirische Mittel zum Einsatz: Der bärtige Kerl gibt ein typisiert-übertriebenes Bild des Ungestümen ab (unter anderem dem frisierten Schnauzbart des Sängers entgegengesetzt). Auch die Erscheinung des Spaziergängers ist überzeichnet: Seine Nachfrage fällt allzu höflich und umständlich aus, persifliert seine ängstliche Vorsicht. Diese Ängstlichkeit wiederum konterkariert der Anarchist grotesk, wenn er den Monumentalkomplex des Bundeshauses abfällig als ‹ghütt› *(Hütte)* bezeichnet: Er gibt damit seiner Geringschätzung für das Parlament Ausdruck, angesichts der Monumentalität des Baus aber zugleich auch unfreiwillig der Vermessenheit seines Eifers.

Um ihn von seinem Vorhaben abzubringen, hält der Spaziergänger dem Tunichtgut nun ad hoc eine «ouguschtred» *(eine Rede zum Nationalfeiertag)* über die Vorzüge des Staats, über «ds rütli und d'freiheit und d'demokratie», die noch «es ross patriotisch hätt gmacht».[189] Beim Anarchisten verfehlt die Rede ihre Wirkung nicht: Von den Worten ergriffen, verdrückt er eine Träne und geht «mit sym dynamit wieder hei».[190] – Auch hier häufen sich die Pointen: In die Rede des Spaziergängers mischt sich ein allzu überschwängliches Pathos. Nicht minder witzig ist die Beschreibung, wie der Bärtige mit der Sprengladung wieder nach Hause geht: als sei Dynamit ein gewöhnliches Accessoire von Anarchisten und Teil der Grundausstattung ihres Zuhauses.

---

[189] LB2, S. 12 f. Die Rede zum Nationalfeiertag am 1. August dient traditionell der Erinnerung an die Vorzüge des Staates; hier über *das Rütli* [die Bergwiese, die als Gründungsort der Schweizerischen Eidgenossenschaft gilt], *die Freiheit und die Demokratie,* was noch *ein Pferd patriotisch gemacht hätte.*
[190] LB2, S. 13: Der Anarchist geht *mit seinem Dynamit wieder nach Hause.*

Dass Matter dieses Lied während seines Cambridge-Aufenthalts geschrieben hat,[191] verwundert nicht: Man erinnert sich an die Passage im Schlussteil der Habilitationsarbeit, auf die ich eben schon verwiesen habe. Léon Duguit war der Ansicht, eine anarchistische Bedrohung existiere nicht wirklich: Die Bevölkerung scheue die Unsicherheit eines rechtlosen Zustands so sehr, dass sie solche Tendenzen natürlicherweise abwehre. Harold Laski dagegen sieht diese Gefahr als gegeben: Umso wichtiger ist daher, dass der Staat seine Leistungen den Bürgerinnen und Bürgern gegenüber plausibilisieren kann.[192]

Eben dies versucht der Spaziergänger im Lied mit seiner Rede. Ist der Sache damit aber Genüge getan? Der Anarchist ließ sich zwar besänftigen, und seinerseits zu Hause angekommen, spricht sich der Redner für seine Staatsrettung, wohl von seinen eigenen Worten noch etwas berückt, einen Orden zu. Dann aber bleibt er schlaflos, fragt sich, ob er dem Anarchisten « d'schwyz o mit rächt so ha prise ». Diese Unsicherheit bleibt am Schluss des Lieds bestehen: Wenn er seither am Bundeshaus vorbeigehe, müsse er « gäng dänke, s'steit numen uf zyt / s'länge fürs z'spränge paar seck dynamit ».[193]

Das ist wahr und natürlich zugleich Unsinn: Wohl lässt sich das Gebäude sprengen. Das, wofür es steht, kann man aber nicht mit einem einzigen Gewaltakt auslöschen. Damit zielt auch dieses Lied auf abstraktere Fragen ab: Wofür steht dieses Gebäude wirklich? Welches Dynamit im übertragenen

---

191 So Urs Frauchiger in seinem Vorwort zum *Cambridge-Notizheft* (CN, S. 9–35, hier 33) sowie Meichtry (2013, S. 206) und Schindler (DpS, S. 17).

192 Vgl. DpS, S. 228 bzw. oben S. 53 f.

193 LB2, S. 13: Er fragt sich, ob er dem Anarchisten *die Schweiz auch mit Recht so gepriesen* hat, und denkt seither beim Anblick des Parlamentsgebäudes: *Es steht nur auf Zeit / Es reichen, es zu sprengen, ein paar Säcke Dynamit.*

Sinn kann ein ‹Staatsgebäude› zum Einsturz bringen? Wie lässt es sich schützen?

Die Antworten aus der pluralistischen Staatstheorie, in deren Zusammenhang er das Lied entwickelt hat, liefert Matter nicht mit: Wie beim *Wilhelm-Tell*-Lied bleibt die Frage, auf welchem Fundament der Staat und der öffentliche Friede ruht, auch hier den Zuhörerinnen und Zuhörern zur Beantwortung überlassen – und damit wiederum einer pluralistischen Debatte.

Aus der Saalschlacht in Nottiswil war zu lernen, dass die Freiheit mit Gewalt alleine nicht gewonnen werden kann. Das Lied *Dynamit* ergänzt, dass auch patriotische Bekenntnisse dafür nicht ausreichen: Sie mögen einen wankelmütigen Anarchisten oder das genannte Ross überzeugen. Die Dauerhaftigkeit der staatsbürgerlichen Gesinnung der Bevölkerung sichern sie aber kaum.

Spezifischer konturiert das Chanson *Ir Ysebahn* das Modell des ‹konflikthaften Konsenses›: In einem Zug geraten die einander gegenübersitzenden Passagiere über die Frage in Streit, was man beim Blick aus dem Fenster sehe: Jene, die in Fahrtrichtung sitzen, können das Kommende «scho zum vorus gseh cho». Sie haben aber die Richtung im Rücken, «vo wo / dr zug chunnt». Die anderen sehen nicht, was kommt, können aber «lang no [...] gseh wo dr zug scho isch gsy».[194]

Matter hat sich selbst stärker jenen zugerechnet, die in die Zukunft blicken. Das zeigen seine Postulate im Vortrag über

---

[194] LB2, S. 8: Die Vorwärtsfahrenden können das Kommende *schon im Voraus kommen sehen,* erkennen aber nicht *woher / der Zug kommt.* Die anderen haben das Kommende nicht im Blick, können aber *lange noch sehen, / wo der Zug schon war.*

die *Sicht der jungen Generation,* die er im *Cambridge-Notiz-heft* entwickelt hatte (wie im Übrigen auch den Gedanken für dieses Lied).[195] Bei seinem Vortrag über die junge Generation setzte er diese Perspektive nicht absolut: Er führte sich und der Zuhörerschaft auch vor Augen, weshalb in der älteren Generation vor dem Hintergrund der Entbehrungen in der Kriegszeit eher konservative Haltungen überwiegen. So lässt er im Eisenbahn-Lied auch jenen, die ‹lang no chöi gseh wo dr zug scho isch gsy› ihre gewisse Würde, indem er die Zeile nicht ohne versonnen-melancholischen Unterton singt.

Anstatt wie im Vortrag die notwendige Anerkennung beider Positionen zu erläutern, umreißt er dies im Lied ironisch, in Form eines Gedankenspiels: «jitz stellet nech vor, jede bhouptet eifach / so win är's gseht, syg's richtig, und scho hei si krach / si gäben enander mit schirmen uf ds dach».[196] Wie im *Wilhelm-Tell*-Lied und anderen Chansons mit Tumultmotivik spielt Matter auch hier mit einer slapstickhaft-grotesken Dimension von Gewalt: Wie dort das Kartonschwert verwandelt sich hier der Schirm, Requisit des umsichtigen Kleinbürgers, unversehens in ein Schlagobjekt.

---

195 Im *Cambridge-Notizheft* schreibt Matter, ähnlich wie später im Artikel von 1971, über die «Welle von Antikommunismus» in den 50er-Jahren und dann einer «antiantikommunistische[n] Bewegung». Mittlerweile hielten «die beiden Tendenzen sich ungefähr die Waage», woraus «ein merkwürdiges Gesellschaftsspiel» entstehe: «die Linken werfen den Rechten vor, dass sie rechts stehen, die Rechten den Linken, dass sie links stehen» (CN, S. 128). Im nächsten Eintrag notiert Matter: «Chanson: Die einen sitzen in der Eisenbahn gern so, dass sie der Richtung, in welche der Zug fährt, den Rücken zuwenden [...]. Die anderen sitzen in der Eisenbahn gern so, dass sie der Richtung, in welcher der Zug fährt, entgegen sehen.» (CN, S. 129)

196 LB2, S. 8: *Und jetzt stellt Euch vor / jeder behauptet einfach / so, wie er es sieht, sei es richtig / und schon haben sie Krach / sie gäben einander mit Schirmen aufs Dach.*

Anders aber als in *Si hei dr Wilhälm Täll ufgfüert* – und ähnlich wie in *Dynamit* – gibt es hier am Schluss keine beruhigende Aussicht auf Wiedergutmachung. Das Lied schließt mit den Versen:

und o wenn dr kondüktör jitze no chunnt
so geit er däm sachverhalt nid uf e grund
är seit nume, was für nen ortschaft jitz chunnt
s isch rorschach[197]

Dieser Unterschied in der Bewertung des Kampfgeschehens in den früheren Liedern und jenen, die in Cambridge und danach entstanden, deckt sich mit einer Veränderung in Matters Politikverständnis: In den frühen 60er-Jahren zeigte er sich überzeugt, dass ideologische Bindungen «den Blick nur trüben können».[198] In dem Notizheft, das er gegen Ende der 60er-Jahre in Cambridge geführt hat, geht er dagegen davon aus, dass der politische Diskurs eine gewisse «Re-Ideologisierung» bedingt.[199]

Man mag in diesem Zusammenhang an den vehementeren Gestus von ganz späten Liedern wie *Wo mir als Bueben emal* oder *Nei säget sölle mir* denken. Auch schon in *Ir Ysebahn* besteht aber kein Zweifel, dass die Passagiere in der Eisenbahn tatsächlich vollkommen verschiedene Dinge sehen. Anders als die Versicherung in Nottiswil ist der Schaffner in *Ir Ysebahn* denn auch keine große Hilfe: Er geht dem ‹sachverhalt nid uf e grund›. Mit der Feststellung: ‹s isch ror-

---

197 LB2, S. 8: *Auch wenn der Schaffner jetzt noch kommt / so geht er dem Sachverhalt nicht auf den Grund / er sagt nur, welche Ortschaft jetzt kommt, / es ist Rorschach.*
198 Sh, S. 84f.; oben S. 59f.
199 Vgl. CN, S. 52; oben S. 60.

schach>, von Matter in düster-dumpfem Ton gesungen, ist den Passagieren nicht gedient.[200]

Ein heimlicher Doppelsinn des Ortsnamens hilft immerhin den Hörerinnen und Hörern weiter: Rorschach ist nicht nur der Name eines notorisch nebelverhangenen Grenzorts, an dem die Fahrt wohl zu Ende ist (und damit womöglich Symbol für den Tod, der dem Eifer der Keifenden ein Ende macht und die Sinnlosigkeit ihres Streits herausstellt). Rorschach hieß auch der Psychiater, auf dessen berühmten Tintenklecksbildern, wie beim Blick aus dem Zugfenster, mit gleichem Recht Verschiedenes zu erkennen ist.

Damit ist ein psychologischer Aspekt der Perspektivfrage angesprochen, wie Matter ihn in der Habilitationsschrift mit dem Bezug auf William James thematisiert hat: Nach James bestimmt den Menschen immer schon ein Konflikt; ein Gegeneinander von verschiedenen Impulsen und Idealen. Diesem ist nicht mit reinen Vernunftmitteln beizukommen. Auch das Gefühl hat im menschlichen Seelenleben seine Berechtigung.

Das deckt sich mit der eingangs beschriebenen Skepsis Matters einem allumfassenden Rationalismus gegenüber.[201] Wie die Orientierung in der Welt im Allgemeinen, so ist

---

200 Vielleicht darf man in dem <Kondüktör> den Altbundesrat Friedrich Traugott Wahlen sehen, der ab 1967 die Expertenkommission zur Vorbereitung der Totalrevision der Bundesverfassung leitete, die der Staatsrechtler Max Imboden angestoßen hatte – oder Imboden selbst tritt hier auf: Daran, dass « die Totalrevision der Bundesverfassung geeignet sei, die Schweiz als eine Aufgabe ins Bewußtsein ihrer Bürger zu heben», äußert Matter auch im Artikel über die *Schweiz seit 1945 aus der Sicht der jungen Generation* «Zweifel» (SjG, S. 345 [154]).

201 Vgl. die Stellen zu Matters James-Kapitel (S. 48 f.) und seiner Rationalismuskritik (S. 28).

auch die politische Positionierung keine vollkommen rationale Angelegenheit. Sie schließt persönliche Wertüberzeugungen ein, die man womöglich nicht bis ins Letzte belegen kann, und damit Dimensionen des Psychisch-Unwillkürlichen (ähnlich wie die Vorliebe, ob man im Zug lieber in Fahrt- oder in Gegenfahrtrichtung sitzt). Politische Selbstaufklärung im pluralistisch-demokratischen Sinn bedeutet, diese subjektive Ebene bis in psychische Mechanismen hinein anzuerkennen; sich der teilweisen Irrationalität der Sichtweise bewusst zu bleiben – bei anderen, und bei sich selbst.

Erst wenn man dieser psychologisch-irrationalen Dimension Rechnung trägt, kommt man ‹ däm sachverhalt › wohl ‹ uf e grund ›: Der eigentliche ‹ politische › Mensch ist nicht der von seiner Sache bedingungslos überzeugte Aktivist, sondern der, der in all seiner Überzeugung zugleich eine gewisse reflexive Selbstdistanz wahrt.[202] Humor kann dabei eine wichtige Rolle spielen, indem er der unmäßigen Verhärtung von Überzeugungen entgegenwirkt – bei anderen, aber auch einem selbst.

---

[202] Auch das von Matter nicht eingesungene Lied *Hie ir Schwyz* (LB3, S. 57: *Hier in der Schweiz*) zeigt die Gefahr zu sicherer Selbstpositionierung auf: Witzig, wenn auch im Vergleich zu den aufgenommenen Liedern vielleicht etwas zu didaktisch, beschreibt es Politiker, die sich im unbedingten Willen um Abgrenzung vom Gegner beidseitig in irrationale Positionen versteigen. Die einen Politiker haben einen allzu « gsunde schlaf » *(gesunden Schlaf)*, die anderen haben « uf alls e grossi wuet » *(auf alles eine große Wut)*. Die Braven zeigen sich gegenüber den Wüterichen extra « dopplet brav », was die Wütenden umso wütender macht. Letztlich verhalten sie sich nicht mehr zum eigentlichen politischen Gegenstand, sondern lassen sich ganz von dieser Abgrenzungsdynamik bestimmen. Besser wäre, so schließt das Lied, wenn « me je nachdäm was chunnt, ou / mängisch ja seit, mängisch nei » (wenn *man je nachdem, was ansteht, auch / manchmal ja sagt, manchmal nein*). Die Erstaufnahme findet sich, gesungen von Fritz Widmer, auf *Dr Kolumbus* (1977).

Vom Zwiespalt des Sich-zu-einer-Sache-Bekennens erzählt auch ein weiteres Lied, das in Cambridge entstanden ist: *Mir hei e Verein*.[203] Es beschreibt, wie man sich, in abwechselnder Selbst- und Fremdwahrnehmung, einem Kollektiv mal zugehörig, mal nicht zugehörig fühlen kann: Manchmal höre man « d'lüt säge: lue dä ghört o derzue [...] / und i stah derzue ». Dann wieder sieht man « settig, die ghöre derzue / und hei doch mit mir im grund gno nüt z'tue ». Wenn man sich dann fragen lassen muss: « ghörsch du da derzue? », gibt man dies « nume ganz ungärn zue ».[204]

Es wird resümiert:

so ghör i derzue ghöre glych nid derzue
und stande derzue stande glych nid derzue
bi mängisch stolz und ha mängisch gnue
und das ghört derzue[205]

Jede Hörerin und jeder Hörer wird sich an ähnlich zwiespältige Gefühle verschiedenen Vereinigungen gegenüber erinnern. Auch hierbei hat man es mit einem Modell für unter anderem ‹ politische Sachverhalte › zu tun. Die Reibung zwischen dem Gemeinschaftsgeist und einer nie völligen Verträglichkeit mit dem Kollektiven ‹ ghört › auch bei politischen Gruppen ‹ derzue ›: Sie ist ein Grundprinzip des pluralistischen Staatsverständnisses überhaupt, denn demokratische

---

203 So sowohl Frauchiger (CN, S. 33) als auch Meichtry (2013, S. 207).
204 LB1, S. 14 f.: Manchmal hört man, wie *die Leute sagen: schau, der gehört auch dazu [...] und ich stehe dazu*. Dann sieht man *solche, die gehören dazu / und haben doch mit mir im Grund nichts zu tun*, und muss sich fragen lassen: *Gehörst du da dazu?*, und gibt dies *nur ganz ungern zu*.
205 LB1, S. 15: *So gehöre ich dazu, gehöre doch nicht dazu / und stehe dazu, stehe doch nicht dazu / bin manchmal stolz und habe manchmal genug / und das gehört dazu*.

Gesellschaften entstehen erst, indem sie sich konflikthaft über sich selbst verständigen.

Das Prinzip eines solchen inneren Zwiespalts bestimmt nicht nur die gesellschaftliche Ebene. Wie beim Rorschach-Test in *Ir Ysebahn* und dem unwillkürlichen Hin und Her in *Mir hei e Verein* reicht es bis in psychische Reflexe des Einzelnen hinein: Die Reibung, die sich aus der immer nur bedingten Zugehörigkeit zu Kollektiven ergibt – zu einzelnen Gruppierungen, aber auch dem Staat –, grundiert die pluralistisch-demokratische Haltung.

Dieser Aspekt des bloß ‹Teilweisen› spielt bei Matters Liedern über die einzelnen Stücke hinaus eine Rolle: Ich habe eingangs etwas nachskizziert, wie er in seinem Programm und auf Platten nachdenkliche Lieder mit Nonsens-Stücken alternieren ließ; wie sich das Analytische mit dem Spielerischen abwechselt, Trauriges auf Lustiges folgt, und umgekehrt. In diesem Zusammenhang muss man auch die politischen Aspekte von Matters Liedern sehen: wie im pluralistischen Konzept die Politik nicht über der Gesellschaft steht, sondern ihr nur als ein Teilbereich zugehört.

Die politische Haltung ist bei Matter so mit einem Gesamtcharakter verbunden, in dem auf ganz unterschiedlichen Ebenen zwischen Konfliktbereitschaft und Umsicht austariert wird. Aus dieser allgemeinen Haltung speist sich ein Gefühl für die Mischung von Entschiedenheit und Konzilianz. Und zu wissen, dass nicht alles immer *nur* politisch zu verstehen ist, hilft auch da, wo es um Politik geht: Politische Ansichten überzeugen wohl tendenziell mehr, wenn sie von Leuten vertreten werden, die über einen Sinn für die unterschiedlichen Aspekte des Lebens verfügen.

Die späten Lieder

In Matters politischen Schriften haben sich Kontinuitäten und Veränderungen gezeigt: Die Bereitschaft zur engagierten Auseinandersetzung – mit dem Risiko, lächerlich zu wirken – spielt schon früh eine Rolle. Schon da hat Matter nicht nur die politische Überzeugung in einer bestimmten Sache, sondern eine umfassendere Haltung im Blick. Während am Anfang aber der Einzelne, ohne ideologische Bindung, Dreh- und Angelpunkt seiner Überlegungen ist, werden im *Cambridge-Notizheft* Überlegungen zu ‹ re-ideologisierten › Formen der kollektiven Positionierung wichtig. Das Prinzip des gesellschaftlichen Gemeinsinns wird damit nicht obsolet. Es steigt aber die Bereitschaft, das eigene Verhältnis dazu etwas stärker zu dehnen.

Im Zusammenhang dieser Entwicklung kann man nochmals einen Blick auf die spätesten Lieder Matters werfen, die er nicht mehr einspielen konnte: *Nei säget sölle mir, Wo mir als Bueben emal* und *Warum syt ir so truurig*. Man hat in Bezug auf sie von einem Bruch gesprochen: Sie seien ernster im Ton, radikaler im Gestus.[206] Im Hinblick auf den Gesamtzusammenhang von Matters wissenschaftlicher und künstlerischer Beschäftigung muss man das etwas relativieren: Die Verschiebungen im Politikverständnis betreffen nicht erst die spätesten Lieder, sondern bereits die in Cambridge entstandenen Chansons *Dynamit, Ir Ysebahn* oder *Mir hei e Verein*.[207]

Zudem funktionieren die spätesten Lieder weiterhin im Kontext ihres Vortrags: An dem politischen Aktionsabend,

---

[206] Vgl. oben S. 34 bzw. Fußnote 55.

[207] Ähnlich, wenn auch ohne Bezug auf die Verschiebungen in der politischen Publizistik, gehen auch Markus Züger in einer Studienarbeit (2002, S. 21) und Stephan Hammer in seiner Dissertation (2010, S. 154) nicht von einem vollkommen neuen politischen Blick in den späten Liedern aus.

an dem Matter *Nei säget sölle mir* und *Wo mir als Bueben emal* das erste und wohl einzige Mal öffentlich sang, spielte er insgesamt vier Stücke: nämlich auch *Dr Hansjakobli und ds Babettli* und *Si hei der Wilhälm Täll ufgfüert.*[208] Der ernstere Ton der neuen Lieder stand dort in einer Wechselbeziehung zu humoristischen Chansons. Und die Ernsthaftigkeit von diesen spätesten Liedern selbst ist auch kein neues Phänomen: Einen melancholischen Ton gab es bei Matter schon in Chansons wie *Us emene lääre Gygechaschte* oder *Ds Lied Vo De Bahnhöf*[209] und den Außenseiter-Liedern *Dällebach Kari* und *Dr Gloon.*

Als radikale Statements funktionieren diese letzten Lieder, wie oben festgestellt, ebenfalls nicht: In *Nei säget sölle mir* singt Matter zwar schärfer als zuvor gegen die Dumpfheit des Alltagstrotts an. Ein politisches Rezept formuliert das Lied aber nicht. Und obwohl *Wie mir als Bueben emal* politische Gewalt nicht per se ablehnt, wird sie doch nicht verklärt. Eher regt auch dieses Lied zum Nachdenken über Ursprünge und Dynamiken von Gewalt an. Besteht also in den letzten Stücken überhaupt ein Unterschied zu den früheren?

Anders als die Außenseiter-Stücke sprechen diese späten Lieder im Modus des ‹ Ich ›: Sie geben *persönlicher* Wut, *eigener* Ratlosigkeit und Verletzlichkeit Ausdruck. Und der, der diese Gefühle äußert, steht nicht unfreiwillig außerhalb des Alltagstreibens wie der *Dällebach Kari* oder der *Gloon.* Er hat sich dazu entschieden. Auch diese Ich-Form gibt es in den Liedern zwar schon früher: In *Die Strass, won i drann wone* hat Matter in sehr persönlichem Ton von Themen der Ver-

---

[208] Dies erwähnt Meichtry (2013, S. 277).
[209] LB1, S. 58 f. – Darauf verweist auch Franz Hohler in der Fernsehsendung *Mani Matter: Volkskultur und Freiheitswillen* im Jahr 2010.

gänglichkeit gesungen.[210] *Farbfoto* erzählt von melancholischen Gefühlen, die eine bunte (und dümmliche) Werbefotografie auslöst. Neu ist an den ganz späten Liedern, dass Matter diesen persönlichen Ton stärker mit Fragen der politischen Haltung verbindet: Was in Liedern wie *Hemmige* oder *Dynamit* die nachdenkliche Schlusswendung einer witzigen Szenerie war, wird hier zum Ausgangspunkt.

Mit dieser Neukombination der Elemente seiner Poetik zeigte Matter, dass seine Kunst in dauernder Bewegung war, dass auch die ‹Imago›, die er auf der Bühne von sich entwarf, veränderlich war. Weitreichende Schlüsse in Bezug auf die Richtung, in die sich seine Musik hätte bewegen können, erlaubt dies aber nicht: Weder weiß man, ob diese Lieder schon wirklich fertig waren,[211] noch in welcher Form er sie in sein Repertoire aufgenommen hätte.[212] Vielleicht wären sie ein Experiment geblieben, vielleicht hätte Matter ihren persönlicheren Ton in nächsten Chansons (oder auch in anderer

---

210 LB1, S. 62. – Ein Lied, das kurz vor dem Tod entstand und das deshalb unfreiwillig Missverständnisse nach sich gezogen hat, ist das eindrückliche Chanson *Einisch am'ne Morge* (LB2, S. 54): Matter erzählt darin davon, wie sich zwei Bekannte über den Weg laufen und sich über «dis und das und äis» *(dieses und jenes)* unterhalten. Schließlich fragt der eine: «bsinnsch du di a matter?» *(Erinnerst du dich an Matter),* der andere fragt, was mit diesem sei. «dä syg chürzlech gstorbe!» *(Der sei vor Kurzem gestorben),* sagt der eine. Der andere sagt: «Eh was du nid seisch!» *(Was du nicht sagst!)* Die Ausrufezeichen funktionieren hier ein Stück weit bitter-ironisch: Das Unfassbare, der eigene Tod, wird zur Floskel. Dies ist aber kaum als depressive Aussage zu lesen: Auch der Gedanke an die eigene Sterblichkeit gehört zu den schmerzlichen Dingen, auf die die letzten Zeilen von *Warum syt dir so truurig?* eine Antwort geben können.
211 Der *Troubadours*-Kollege Fritz Widmer berichtet in einem Erinnerungstext über ein manchmal jahrelanges Schmieden Matters an seinen Texten (vgl. Widmer 1974, bes. S. 16–18). Auch von diesen späten Liedern sind im Nachlass im *Schweizerischen Literaturarchiv* jeweils mehrere Fassungen überliefert (archiviert unter der Signatur *A-01-b*).
212 Vgl. die in Fußnote 61 zitierten Überlegungen Fritz Widmers.

künstlerischer Form)[213] weiterentwickelt. ‹Spät› sind sie in all diesen Fällen nur umstandsbedingt.

Einen Eindruck davon, welches Potenzial in der neuen Anlage dieser Lieder gesteckt hätte, gibt jenes Chanson, das von diesen späten den größten Nachhall gefunden hat: *Warum syt dir so truurig?*[214] Ähnlich wie *Nei säget sölle mir* geht es vom Blick auf die Beschränkungen des Alltagslebens aus. Dabei scheint es zunächst, als bestünde gar kein Grund für Traurigkeit. In der zweiten Strophe heißt es: «frou u chind sy doch zwäg / im pruef geit's geng e chly vorwärts», dann: «s'längt doch ou hie und da / scho für nes chlys drübery».[215]

Wie man sich das Lied von Matter gesungen vorstellen muss, ist nicht ganz klar. Vielleicht schwingt auch hier, wenn auch nicht ganz so ausdrücklich wie in *Nei säget sölle mir,* ein trotzig-lakonischer Ton mit, wenn es heißt: «söttet emal öiji gsichter gseh, wenn der sitzet im büro / söttet emal öiji gsichter gseh, wenn der fahret im tram».[216]

So fallen die Interpretationen des Lieds auch etwas verschieden aus: Fritz Widmer singt es auf der LP *Dr Kolumbus* nach schon gedrücktem Ton in der Conférence nachdenk-

---

213 Im *Cambridge-Notizheft* erwähnt Matter etwa Pläne für einen Roman (vgl. CN, S. 86). Ebenfalls hat sich Matter für moderne Formen des (Musik-)Theaters interessiert: So enthält der Band *Rumpelbuch* eine Reihe von Entwürfen für Kurzdramen (Rb, S. 81–146). Unter der musikalischen Leitung seines Freunds Jürg Wyttenbach wurde Matters Ramuz-Übersetzung *Die Geschichte vom Soldaten* (HdS) 1975 am Basler Theatermarkt aufgeführt. Wyttenbach komponierte auch die Musik zu Matters Libretto *Der Unfall* (Wke, S. 167–189), erstmals 2015 am Lucerne Festival gespielt.

214 Vgl. dazu die Fußnote 56.

215 LB2, S. 48: *Frau und Kinder sind doch gesund / im Beruf geht's stets etwas vorwärts,* dann: *Es reicht doch auch hie und da / für eine kleine Freude.*

216 LB2, S. 48: *Ihr solltet mal Eure Gesichter sehen / wenn Ihr im Büro sitzt / Ihr solltet mal Eure Gesichter sehen / wenn Ihr in der Tram sitzt.*

lich, intoniert das ‹warum› im Gestus leichter Ratlosigkeit auf der ersten Silbe. Polo Hofer singt es auf der Compilation *Matter Rock* zwar ebenfalls versonnen, betont aber, drängender, die zweite Silbe des ‹warum›. Bei einer Erinnerungssendung 1992 zeigt er bei der Zeile zum Beruf das ‹Vorwärts›, indem er mit den Händen Treppenstufen nachformt, formt beim ‹chlys› des «drübery» mit Daumen und Zeigefinger symbolisch das ‹Kleine›. – Vielleicht untermalt Polo Hofer die Worte unnötig-überdeutlich. Vielleicht hat er damit aber auch etwas getroffen: Schwingt in der Beschwichtigung leichter Sarkasmus mit? Ist das berufliche ‹Vorwärts› wirklich das Maß aller Dinge?[217]

Insgesamt ist das Lied sicher nicht ironisch gemeint: Matter geriert sich nicht als Feind auch bedingter Zufriedenheit und kleinerer Freuden. Und auch Polo Hofers Interpretation tut der Wirkung des Schlusses keinen Abbruch:

vilicht, wenn der e grund hättet
wäret der weniger truurig
mänge, wenn ds läben ihm wehtuet
bsinnt sech derdür wider dra[218]

Dieses ‹bsinnt› drückt etwas ganz Besonderes aus. Sich ‹bsinne› ist etwas Momenthaftes: Unwillkürlich wird einem

---

217 In der etwas anderen Fassung des Stücks, die Fritz Widmer auf *Dr Kolumbus* (1977) singt, heißt es so: «warum weit dr n'ech eigentlich / gäng was dir syt la bewyse / stränged n'äch a für erfolg / wo ja doch gar nüt bewyst.» (*Warum wollt Ihr euch eigentlich / immer beweisen, was Ihr seid / strengt euch für Erfolg an / der ja doch gar nichts beweist.*) Von Widmer bedrückt gesungen, unterstreichen diese Zeilen die Tristesse des Alltags. Man könnte sie sich aber auch lakonischer intoniert vorstellen.
218 LB2, S. 49: *Vielleicht, wenn Ihr Grund hättet / wärt Ihr weniger traurig / mancher, wenn das Leben ihm weh tut / besinnt sich dadurch wieder darauf.*

etwas wieder klar. Aber das, was einem wieder einfällt, ist nicht nur eine Sache, sondern ein ganzes Lebensgefühl – wie etwas *ist*.[219]

Das, was in Mani Matters Lied plötzlich wieder klar wird, ist nicht, dass es keine Gründe zum Traurigsein gäbe. Die gibt es; genannt werden sie aber nicht. Mani Matter hat das Lied aus einem Graffito der Pariser Studentenproteste entwickelt.[220] Inwiefern (und wie ausschließlich) die Gründe politisch sind, sagt das Lied nicht. – Was heißt überhaupt, dass man einen Grund für das Traurigsein haben sollte? Dass man mehr über die Traurigkeit nachdenken sollte? Oder dass man überhaupt erstmal ein Leben führt, das ‹ weh tun › kann?

In der Offenheit dieses Schlusses zeigt sich die ganze Breite von Mani Matters Haltung: Das Nachdenkliche, das Lebensfrohe und das Politische kommen zusammen – und, wenn Polo Hofer dies richtig gespürt hat (ich kann es mir gut vorstellen), auch weiterhin ein Stück ironischer Witz. Nachdenklich macht dieses Chanson in all seinen Interpretationen.[221] Anders als es manchmal gesungen wird, muss es aber nicht unbedingt traurig sein, nur weil es vom Umgang mit Trauer handelt. Und trotz seiner vielfältigen Interpretierbarkeit bleibt die Aussage des Schlusses deutlich: Ob politisch oder persönlich, situationsbezogen oder allgemeiner – es lohnt sich, sich der Traurigkeit zu stellen.

---

[219] In der Philosophie gibt es für ein solches Klarwerden, das ein Stück weit *mit einem geschieht,* Begriffe: Man kann von einem ‹ Widerfahrnis-Charakter › der Erkenntnis sprechen, auch von einer ‹ Epiphanie ›. Auch hier gilt aber, dass man solche Konzepte nicht kennen muss, um Mani Matters Lied zu verstehen.

[220] Vgl. die Angaben in Fußnote 57.

[221] Am experimentellsten ist die Version von Steff la Cheffe auf der Compilation *Und so blybt no sys Lied* (2016), die den Text erweitert und den Refrain wendet: « warum bin i so truurig?»

Schluss

Mani Matters Lieder leben von ihrer Eingängigkeit und davon, dass sie in ihrer schlichten, geschliffenen Sprache vielfältigen Gedanken und Gefühlen Ausdruck geben. Schon auf der ersten EP, mit Liedern wie *Si hei der Wilhälm Täll ufgfüert* oder *Dr Hansjakobli und ds Babettli,* hat dieses Nachdenken eine politische Dimension. Wie hier fällt Matter auch später – und noch in den (vermeintlich) ‹radikaleren› letzten Liedern – nie in einen dogmatischen oder didaktischen Ton: Das Politische ist bei ihm keine Frage von Parolen, sondern Teil einer umfassenderen Haltung, die sich in der Auseinandersetzung mit den Dingen immer wieder neu entwickelt und formuliert.

Beim genaueren Blick auf die Texte und die Zeit ihrer Entstehung zeigt sich, in welch hintersinniger, oft auch witziger Weise Matter auf politische Fragen und gesellschaftliche Verwerfungen seiner Epoche Bezug nimmt. Ebenfalls wird deutlich, dass hinter dem, was er ‹Modelle für politische Sachverhalte› in seinen Chansons nannte, eine sehr eingehende Auseinandersetzung mit politischen Konstellationen und staatstheoretischer Fachliteratur stand. Um über den Liedern ins Nachdenken zu kommen, muss man davon aber nichts wissen.

So wie seine Kunst ohne Theorie auskommt, sind auch Matters wissenschaftliche Überlegungen unabhängig von seiner Musik interessant. Die theoretischen Schriften, die Tage- und Notizbuchaufzeichnungen und die Artikel können noch heute dazu anregen, sich über Politisches Gedanken zu machen: über das Verhältnis von Gesellschaft und Staat, von politischer Überzeugung und Konzilianz, von *Hemmige* und

Dynamit – über gesellschaftliche Fragen der Gegenwart und die eigene politische Haltung.

Mit dem pluralistischen Prinzip des konflikthaften Konsenses hat sich Matter für ein Konzept interessiert, das beleuchtet, wie sich psychologische, soziale und politische Muster verschränken können; wie der Einzelne, die Gesellschaft und der Staat miteinander verbunden sind, ohne sich ideologisch kurzzuschließen. In ähnlicher Weise stehen auch Matters theoretisches und künstlerisches Schaffen miteinander in Verbindung: mal in ganz enger – wenn im *Cambridge-Notizheft* politische Gedanken und Liedideen direkt beieinanderstehen –, mal in weiterer; indem seine Lieder, wie Matter es formulierte, «Zweifel aufkommen» lassen, «ob wirklich alles in bester Ordnung ist».[222]

Ich habe vorgeschlagen, den Begriff des ‹Politischen› aus der postfundamentalistischen Theorie zu entleihen, um dem, was Matter in gesellschaftlicher Hinsicht theoretisch wie künstlerisch interessierte, näherzukommen: die Auseinandersetzung ohne Scheu, aber mit einer gewissen Besonnenheit; mutig, aber nicht selbstgerecht. Dieses Konzept kann und soll aber kein Universalschlüssel zu Mani Matters Werk sein. Im Sinn der pluralistischen Idee zieht man aus den Liedern idealerweise je eigene und auch immer wieder neue Schlüsse.

Auch mit Blick auf die politischen Schriften bleibt weiterer Interpretations- und Diskussionsbedarf. Sowohl in der Habilitationsschrift als auch den Tagebuchaufzeichnungen, den Notizen und den Artikeln bleiben noch viele Themen zu erörtern, Kontexte zu beleuchten, Entwicklungen nachzuzeichnen. Auch ist der Nachlass weiter zu durchforsten und man könnte auch etwa systematisch nach Leserbriefen von Matter

---

222 *Bieler Tagblatt*, 19.3.1971, unpaginiert.

suchen. Und sicher ist auch nicht jede und jeder mit den Schlüssen einverstanden, die ich hier gezogen habe: Auch das Interpretieren von Texten lebt von einem ‹ Konsens zur Uneinigkeit ›.

Werfen wir abschließend noch einen kurzen Blick auf die Frage, wie sich die Dinge, über die sich Matter in seinen Schriften und Liedern Gedanken gemacht hatte, bisher weiterentwickelt haben.

Das von Matter geforderte Frauenstimmrecht wurde noch zu seinen Lebzeiten, Anfang 1971, eingeführt. Die Arbeit der Kommission zwecks der von Matter skeptisch kommentierten Generalerneuerung der Bundesverfassung verlief dagegen im Sand.[223] Nach einer neuerlichen Anstrengung in den 90er-Jahren wurde der Vorschlag einer nun anders konzipierten Totalrevision im Frühling 2000 von der Stimmbevölkerung angenommen: Sie entspricht Matters Forderungen nach unter anderem einem integralen Diskriminierungsverbot, Bildungsgerechtigkeit und der systematischen Förderung von Entwicklungszusammenarbeit.[224]

Angesichts der politischen Spannungen der späten 60er-Jahre machte Matter in seiner Rede *Die Schweiz seit 1945 aus der Sicht der Jugend* auf eine nötige Neugestaltung der Verbands- und Parteienlandschaft aufmerksam. Diese erfolgte auf unterschiedlichsten Ebenen: Die Akklimatisierung der 68er-Generation an die Schweizer Politik (und umgekehrt) vollzog

---

[223] Eine Darstellung der Diskussionen um die Revision der Bundesverfassung leistet der Rechtshistoriker Felix Hafner (2001, zu Imbodens Vorschlägen bes. S. 36–39).
[224] Dies betrifft die Artikel 8.1 (Antidiskriminierung), 41.1 f (Bildungsgerechtigkeit), 54.2 (Entwicklungszusammenarbeit) in der Bundesverfassung der Schweizerischen Eidgenossenschaft (Fassung vom 18. April 1999, Stand am 26. Oktober 1999).

sich unter anderem in einer Neuausrichtung der Jungparteien seit den 70er-Jahren sowie der Gründung der *Grünen Partei der Schweiz* im Jahr 1983.

Das *Junge Bern* fusionierte 1991 mit der *Freien Liste* (heute *Grüne Freie Liste*). Maßgeblich mitgeprägt wurde die Partei durch die politische Arbeit von Joy Matter, der Ehefrau des Sängers. Sie vertrat das *Junge Bern* von 1978 bis 1988 im Großen Rat des Kantons und von 1989 bis 1996 als Bildungsdirektorin der Stadt Bern. In unterschiedlichen weiteren Tätigkeiten setzte und setzt sich Joy Matter auch insbesondere für die Integration von Ausländerinnen und Ausländern ein.

Die späten politischen Stücke, die Matter selbst nicht mehr aufgenommen hat, wurden auf mehreren Gedenkveranstaltungen gespielt und gingen in die hier verschiedentlich zitierten Coveralben ein: unter anderem von Jacob Stickelberger und Fritz Widmer auf *Dr Kolumbus* (1977), von Patent Ochsner und Polo Hofer auf *Matter Rock* (1992) sowie von Lo & Leduc, Lia Sells Fish und Steff la Cheffe auf *Und so blybt no sys Lied* (2016).

Die späten Chansons gehören so heute zum ‹Gesamtkorpus› von Mani Matters Liedschaffen. Mit den anderen ernsteren Liedern – und bei genauerem Blick: auch vielen der witzigen – erinnern sie daran, dass sich diese Chansons, obwohl viele sie mitsingen können, gegen den voreiligen Einklang und eine leichte Einordnung sperren: So wirken Mani Matters Lieder weiter – in ihrer Vielseitigkeit, in den Anregungen, die sie geben, und in der immer neuen Freude, die man an ihnen hat.

Quellen

Texte Matters (Siglen, chronologisch)

Liederbücher:

LB1 Us emene lääre Gygechaschte. Berndeutsche Chansons [1969]. Erweiterte Neuauflage. Basel ³2017.

LB2 Warum syt dir so truurig? Berndeutsche Chansons [1973]. Neuauflage. Oberhofen ²2013.

LB3 Einisch nach emne grosse Gwitter. Berndeutsche Chansons [1992]. Neuauflage. Oberhofen 2013.

Weitere künstlerische Texte, Tagebücher:

Sh Sudelhefte [1974]. Zürich ³1975.

Rb Rumpelbuch [1975]. Köln 1982.

CN Das Cambridge Notizheft. Tagebuch 1968. Mit einem Vorwort von Joy Matter und einem Essay von Urs Frauchiger. Oberhofen 2011.

HdS Charles Ferdinand Ramuz: Histoire du Soldat – Die Geschichte vom Soldaten. Übersetzt von Mani Matter. Mit Vorworten von Joy Matter und Jürg Wyttenbach. Oberhofen 2012.

WkE Was kann einer allein gegen Zen Buddhisten. Philosophisches, Gedichte, Politisches, Erzähltes und Dramatik [2016]. Mit einem Vorwort von Guy Krneta. Basel ²2017.

Wissenschaftliche und politische Texte:

MzP   Der Mut zum Politisieren. In: Johannes Kunz (Hrsg.):
Der Magnet. Ein Begleiter für junge Leute. Zürich
1964, S. 191–196.

LdG   Die Legitimation der Gemeinde zur staatsrechtlichen
Beschwerde. Bern 1965.

BdI   Der Bürger und die demokratischen Institutionen. Falsche
Vorstellungen und mögliche Reformen. In: Der
Bürger und seine Verantwortung (Jahrbuch der Neuen
Helvetischen Gesellschaft, 37. Jg.). Bern 1966, S. 46–
57.

Nb   Nicht bewahren – sondern etwas aus ihr machen. Die
Schweiz seit 1945 aus der Sicht der jungen Generation.
In: Extrablatt der Jungen – Tagesanzeiger (8.4.1970),
S. 51 f.

SjG   Die Schweiz seit 1945 aus der Sicht der jungen Generation.
In: Peter Gruner (Hrsg.): Die Schweiz seit
1945. Beiträge zur Zeitgeschichte. Bern 1971, S. 340–
354.

PvS   Protokoll vom 10. September 1971: Dr. Hans Peter
Matter, Rechtskonsulent Bern. In: Zeitschrift für
Schweizerisches Recht. Neue Folge 91/2 (1972),
S. 567–569.

DpS   Die pluralistische Staatstheorie, oder: Der Konsens zur
Uneinigkeit (1967/68). Hrsg. von Benjamin Schindler.
Oberhofen 2012.

Interviews:

1970 « Angefangen hat es so ...». In: Schwyzer Zeitung
(13.3.1970), unpaginiert.
1971 Mani Matter – Ratlosigkeit. Ein Sonntagsgespräch mit
dem bekannten Berner Troubadour. In: Bieler Tagblatt (19./26.3.1971), unpaginiert.
1972 In die Zange genommen: Mani Matter. In: Femina 19
(22.9.1972), S. 64–66.

Aufnahmen

Aufnahmen von Matter:

1966 I han en Uhr erfunde. Berner Chansons. *(EP)*
1967 Alls wo mir id Finger chunnt. *(EP)*
1970 Hemmige. *(EP)*
1971 Berner Toubadours *(LP, Liveaufnahme 1971 aus dem*
Kellertheater Die Rampe *in Bern mit vier Liedern Mat-*
ters)
1972 Betrachtige über nes Sändwitsch. *(EP)*
1973 Ir Ysebahn. *(LP, Liveaufnahme 1972 aus dem* Theater
Fauteuil, *Basel)*
1973 I han es Zündhölzli azündt. *(Doppel-LP, enthält die*
Aufnahmen der vier EPs)

Kompilationen, Erstaufnahmen von anderen Musikern, Radio-
sendungen:

1970   10 Jahre Berner Chansons – Mani Matter und seine
       Nachfolger. Radiosendung DRS. (*Gesprächsbeiträge*
       von Matter und Wegbegleitern, CD 2011 unter dem
       Titel: Mani Matter und die Anfänge des Berner
       Chansons)
1973   Warum syt dir so truurig. Radiosendung DRS 1972.
       (*Gedenksendung mit diversen Interviews und Erstein-*
       spielungen von Fritz Widmer und Jacob Stickelberger,
       CD 2002)
1977   Mani Matter – Dr Kolumbus. (*LP mit Aufnahmen*
       unveröffentlichter Matter-Lieder, eingesungen von Jacob
       Stickelberger und Fritz Widmer)
1989   Kriminalgschicht. (*LP eines Gemeinschaftswerks mit*
       Jacob Stickelberger und Fritz Widmer, eingespielt von
       diesen – sechs Lieder stammen von Matter)
1992   Matter Rock. (*Doppel-LP/CD mit Coverversionen u. a.*
       von Züri West, Patent Ochsner und Polo Hofer)
2011   Franz Hohler: Fragen an Mani Matter. (*CD, Aufnah-*
       me des später in Fragen an andere *und dem Porträt-*
       band publizierten Gesprächs)
2013   Mani Matter – Lieder und Stimmen. (*CD, Beilage*
       zum Ausstellungskatalog der Matter-Ausstellung im
       Schweizerischen Landesmuseum)
2013   Der unbekannte Mani Matter. Radiosendung SRF:
       «Standpunkte», Autorin: Luzia Stettler. (*Enthält*
       Ersteinspielungen von Matter-Stücken durch den Chan-
       sonnier Lukas Gerber)

2016   Mani Matter – Und so blybt no sys Lied. *(LP/CD mit Coverversionen u. a. von Lo & Leduc, Steff la Cheffe und Jürg Halter)*

Film- und Fernsehbeiträge:

1973   Mani Matter – Ein Fernsehportrait von Franz Hohler. Schweizer Fernsehen, Redaktion: Helmut Waldschmidt, Regie: Franz Hohler.
1992   Mani Matter – Warum syt dir so truurig? Schweizer Fernsehen, Redaktion: Karin Holzinger und Reto Caduff, Regie: Marcel Weiss.
2002   Mani Matter – Warum syt dir so truurig? Catpics Coproductions, Regie: Friedrich Kappeler.
2010   Mani Matter: Volkskultur und Freiheitswillen. Schweizer Fernsehen: Sternstunde Kunst, Redaktion: Anita Hugi und Bernard Senn.

Forschungsliteratur (alphabetisch)

Texte über Mani Matter:

Hammer, Stephan: Mani Matter und die Liedermacher. Zum Begriff des «Liedermachers» und zu Matters Kunst des Autoren-Liedes. Bern 2010.
Hohler, Franz: Fragen an andere. Interviews mit Wolf Biermann, Peter Handke, Ernst Jandl, Mani Matter und Hannes Wader. Gümligen 1973.
Hohler, Franz: Mani Matter. Ein Porträtband [1977/1992]. Überarbeitete Neuauflage. Zürich ³2001.

Künzler, Johannes: Schreiben vom Schreiben. Mani Matter im Dialog mit Ludwig Hohl. In: Peter Erismann, Rudolf Probst und Hugo Sarbach (Hrsg.): Ludwig Hohl. « Alles ist Werk ». Frankfurt a. M. 2004, S. 227–236.

Meichtry, Wilfried: Mani Matter. Eine Biographie. München 2013.

Meichtry, Wilfried, Pascale Meyer (Hrsg.): Mani Matter (1936–1972). Liedermacher, Poet und Denker. Oberhofen 2011.

Rothen, Paul Bernhard: i de gottvergässne stedt. Mani Matter und die Verteidigung des Christentums. Oberhofen ²2013.

Rothenbühler, Daniel: Seines Fanges niemals ganz sicher. Die radikale Modernität in Ludwig Hohls « Prinzip der Arbeit ». In: Text+Kritik 161 (2004), S. 60–67.

Stingelin, Martin: Mehrsprachigkeit und Dialekt im *Cambridge-Notizheft. Tagebuch 1968* von Mani Matter. In: Yüksel Ekinci, Elke Montanari und Lirim Selmani (Hrsg.): Grammatik und Variation. Heidelberg 2017, S. 435–441.

Weber, Ulrich: Wie das Lied « Hemmige ». In: Der Bund (16.12.2021), 28.

Widmer, Fritz: Notizen zu Mani Matter [1974]. In: Unverrückt. Berichte von Liedern, Menschen und Träumen. Bern 2002, S. 11–56.

Wirz, Christine: Mani Matter. Vom Värslischmid, der ein Poet war. Bern 2002.

Züger, Markus: Mani Matter – ein politischer Chansonnier? München 2002.

Weitere Literatur:

Aeberhard, Simon, Caspar Battegay und Stefanie Leuenberger (Hrsg.): dialÄktik. Deutschschweizer Literatur zwischen Mundart und Hochsprache. Zürich 2014.

Agamben, Giorgio, Alain Badiou, Wendy Brown et al.: Demokratie? Eine Debatte [2009]. Berlin 2012.

Bosse, Heinrich: Musensohn und Philister. Zur Geschichte einer Unterscheidung. In: Remigius Bunia und Till R. Dembeck (Hrsg.): Philister. Problemgeschichte einer Sozialfigur der neueren deutschen Literatur. Berlin 2011, S. 55–100.

Butler, Judith, Ernesto Laclau und Slavoj Žižek: Contingency, Hegemony, Universality. Contemporary Dialogues on the Left. London 2000.

Chesterton, Gilbert Keith: Verteidigung des Unsinns [1901]. In: Verteidigung des Unsinns, der Demut, des Schundromans und anderer mißachteter Dinge. Aus dem Englischen von Franz Blei. Leipzig 2020, S. 25–30.

Crouch, Colin: Postdemokratie [2004]. Aus dem Englischen von Nikolaus Gramm. Frankfurt a. M. 2008.

Diederichsen, Diedrich: Über Pop-Musik. Köln 2014.

Elias, Norbert: Über den Prozeß der Zivilisation [1939]. Zweite, um eine Einleitung vermehrte Auflage. Bern/München 1969.

Fischer-Lichte, Erika: Ästhetik des Performativen. Frankfurt a. M. 2004.

Fringeli, Dieter (Hrsg.): Mach keini Schprüch. Schweizer Mundart-Lyrik des 20. Jahrhunderts. Erweiterte Ausgabe. Zürich 1981.

Genette, Gérard: Paratexte. Das Buch vom Beiwerk des Buches [1982]. Aus dem Französischen von Dieter Hornig. Frankfurt a. M. 1989.

Hafner, Felix: Die neue Bundesverfassung im Kontext der Verfassungen, Entwürfe und Reformversuche seit 1798. In: Zeitschrift für Schweizerisches Recht 120/1 (2001), S. 11–42.

Hauzenberger, Martin: Fritz Widmer. Der Berner Troubadour aus dem Emmental. Basel 2021.

Kley, Andreas: Die Tagungen der schweizerischen Staats- und Verwaltungsrechtslehrer. In: Commentationes Historiae Ivris Helveticae, Bd. 5. Bern 2010, S. 9–60.

Kley, Andreas: Max Imboden – Aufbruch in die Zukunft. In: Martina Caroni, Sebastian Heselhaus et al.: Auf der Scholle und in lichten Höhen: Verwaltungsrecht – Staatsrecht – Rechtsetzungslehre (Festschrift für Paul Richli zum 65. Geburtstag). Zürich/Baden-Baden 2011, S. 117–134.

Kreis, Georg (Hrsg.): Das « Helvetische Malaise ». Max Imbodens historischer Zuruf und seine überzeitliche Bedeutung. Zürich 2011.

Laclau, Ernesto und Chantal Mouffe: Hegemonie und soziale Strategie. Zur Dekonstruktion des Marxismus [1985]. Wien [6]2000.

Laclau, Ernesto: New Reflections on the Revolution of our Time. London/New York 1990.

Laski, Harold: Studies in the Problem of Sovereignty. New Haven/London 1917.

Lefort, Claude: L'Invention démocratique. Les Limites de la domination totalitaire. Paris 1981.

Linke, Angelika und Joachim Scharloth (Hrsg.): Der Zürcher Sommer 1968. Zwischen Krawall, Utopie und Bürgersinn. Zürich 2008.

Marchart, Oliver: Die politische Differenz. Zum Denken des Politischen bei Nancy, Lefort, Badiou, Laclau und Agamben. Berlin 2010.

Marti, Kurt: Notizen und Details 1964–2007. Kolumnen aus der Zeitschrift Reformatio. Herausgegeben von Hektor Leibundgut, Klaus Bäumlin und Bernard Schlup. Göttingen 2021.

Marx, Karl: Zur Kritik der Hegelschen Rechtsphilosophie. Einleitung [1844]. In: Karl Marx, Friedrich Engels: Werke, Bd. 1: 1839 bis 1844. Berlin 1988, S. 378–391.

Mouffe, Chantal: Das demokratische Paradox [2000]. Aus dem Englischen von Oliver Marchart. Berlin/Wien 2010.

Mouffe, Chantal: Agonistik. Die Welt politisch denken [2013]. Aus dem Englischen von Richard Barth. Suhrkamp, Berlin 2014.

Mühlethaler, Hans: zutreffendes ankreuzen. Gedichte. Bern 1967.

Mühlethaler, Hans: Die Gruppe Olten. Das Erbe einer rebellierenden Schriftstellergeneration. Aarau 1989.

Ringelnatz, Joachim: Mein Leben bis zum Kriege [1931]. Hrsg. von Helga Bemmann. Berlin 1979.

Schiller, Friedrich: Wilhelm Tell [1804]. In: Sämtliche Werke, Bd. 2: Dramen II. Hrsg. von Gerhard Fricke und Herbert G. Göpfert. München 1981, S. 913–1029.

Schürmann, Roman: Helvetische Jäger. Dramen und Skandale am Militärhimmel. Zürich 2009.

Schweizerisches Bundesamt für Statistik: Entwicklung der Stimmbeteiligung bei eidgenössischen Volksabstimmungen (1911–2020). Dokumenten-Nr.: je-d-17.03.04.01 (4.2.2021).

Voegeli, Yvonne: Zwischen Hausrat und Rathaus. Auseinandersetzungen um die politische Gleichberechtigung der Frauen in der Schweiz 1945–1971. Zürich 1997.

de Waal, Frans: Primaten und Philosophen. Wie die Evolution die Moral hervorbrachte. München 2008.

Wegmüller, Renate: «Die Frau gehört ins Haus». Frauenstimmrecht und seine Hindernisse in der Schweiz und
   im Kanton Bern. Bern 2000.

Hans Peter Matter:
Drei politische Artikel

Der Mut zum Politisieren (1964)

In allen Parlamenten der Welt werden Debatten geführt, befreundet und verfeindet man sich beim Politisieren. In den Hintersälen der Wirtshäuser sitzen die Ausschüsse der Parteien, planen, beraten, beschließen, verschwören sich beim Politisieren. In den Zeitungen wird hin und her geschrieben, kritisiert und beschwichtigt, die Wahrheit gesagt und verheimlicht beim Politisieren. Gesinnungen vereinigen, Meinungen trennen die Menschen beim Politisieren. Welch ein Tumult von Geschäftigkeit!

Was ist denn das für ein Geschäft, die Politik? Einige behaupten, sie sei schmutzig, andere, es sei Bürgerpflicht, sich mit ihr zu befassen. Einige sagen, sie sei eine Wissenschaft, andere, sie sei eine Kunst. Viele haben ihr ihr Leben geopfert, viele sind ihr zum Opfer gefallen. Was ist sie?

Man könnte die Politik umschreiben als die Beschäftigung mit dem, was alle angeht. Ob ich ein spießbürgerlich-braves oder ein ausschweifendes Privatleben führe, das kümmert die Politik nicht. Selbst wenn ich das Gesetz übertrete, so ergibt sich daraus keine politische Frage. Ich komme dann eben vor Gericht, das geht den Richter und mich selbst etwas an, aber damit hat es sein Bewenden. Eine politische Frage könnte sich ergeben, wenn ich mich in einer Weise benähme, die andere störte, und es gäbe dagegen kein Gesetz. Dann könnte es Aufgabe der Politiker sein, ein solches zu fordern, um derartiges Benehmen in Zukunft zu verhindern. Das ginge alle an: Die Gesellschaft hätte die Aufgabe, zu ihrem eigenen Schutz oder zum Schutz ihrer moralischen Grundsätze, ein solches Gesetz zu erlassen.

Es könnte dann allerdings fragwürdig sein, ob der Staat überhaupt berechtigt sei, ein solches Gesetz zu erlassen. Ein totalitärer Staat hat keine Bedenken, sich in alle Angelegenheiten seiner Bürger zu mischen. In einem Rechtsstaat dagegen ist dem Bürger durch die Verfassung ein Freiheitsbereich garantiert, in den selbst ein Gesetz nicht eingreifen darf. Die Entscheidung für den einen oder anderen Staat ist wiederum eine Frage der Politik.

Weiter könnte zweifelhaft sein, *wer* das Gesetz gegen mein anstößiges Benehmen zu erlassen hätte. Auch diese Frage wird in verschiedenen Staaten verschieden beantwortet. Unsere demokratischen Gesetzgeber sind vom Volk gewählte Abgeordnete, oft muß sogar das Volk selbst dem Gesetz seine Zustimmung geben. Andernorts haben die Bürger kein Mitspracherecht. Die Entscheidung darüber ist wiederum zunächst eine Frage der Politik.

Aber auch mein Privatleben könnte zur politischen Frage werden: wenn es nämlich darum ginge, mich in eine Behörde, etwa in einen Gemeinderat, zu wählen. Das Privatleben würde dann insofern eine Rolle spielen, als es Schlüsse zuließe auf meine Eignung zum Gemeinderat. So erhielte auch es indirekt politische Bedeutung.

Damit haben wir nun gesehen, welches die Fragen sind, mit denen sich die Politik befaßt: die Fragen nach den Aufgaben des Staates, welche Grundsätze bei ihrer Erfüllung gelten sollen, wie der Staat zu organisieren sei und wer seine Ämter bekleiden soll. Demnach ist es vielleicht einzusehen, weshalb jemand sagen kann, die Politik sei eine Wissenschaft. Aber wie kommt man dazu zu sagen, sie sei eine Kunst?

Kunst ist in der Tat nicht der Inhalt, das Ziel der Politik, sondern die Form, in der sie sich abspielt. In der Strategie, derer sich der Politiker bedient, in der Art, wie er Menschen überzeugt und für sich gewinnt, in den Reden, die er hält, darin liegt seine Kunst. Wer sie beherrscht, für den wird sie sogar zur Versuchung. Es reizt ihn, die Macht, die ihm durch sie über die Menschen gegeben ist, auszunützen, so daß er das Ziel darüber vergißt, sie mißbraucht. Aber auch der verantwortungsvolle Politiker bedarf ihrer; der letzte Weltkrieg hätte leicht anders verlaufen können, wenn etwa Churchill sie nicht so gut verstanden hätte.

Denn für den Politiker genügt es nicht, daß er nach bestem Wissen und Gewissen die politischen Fragen entscheidet. Er muß seine Meinung auch zur Geltung bringen. Und was für ein Material hat dieser Handwerker da zu bearbeiten! Das zäheste und zugleich heikelste, das es gibt! Sein Material sind die Meinungen seiner Mitmenschen mit all ihren Vorurteilen und Torheiten, mit dem ganzen Widerstand ihrer Trägheit. Der Politiker ist in unserer demokratischen Epoche ja nie allmächtig, so daß er tun und lassen könnte, was er will. Er muß, was er als richtig erkannt hat, auch gegen jene durchsetzen, deren Interesse er widerspricht, er muß andere dafür begeistern.

So steht der Politiker als ein zwiespältiges Wesen vor uns. Einerseits hat er Fragen zu entscheiden, das Richtige, Zweckmäßige und Gerechte zu finden. Andererseits aber hat er etwas von einem Rattenfänger an sich: Er muß seiner Forderung zuliebe die Flöte so blasen, daß es in die Ohren derer eindringt, die es hören müssen. Die Menschen, auf deren Zustimmung er angewiesen ist, darf er nicht vor den Kopf stoßen. Er muß sie dazu bringen, daß sie ihm glauben und vertrauen. Oh nicht, daß er sich verstellen müßte! Wenn er in kleinen politischen Kreisen tätig ist, kann er mit der Zeit sogar damit rechnen, daß man ihn kennt und ihm ohne Überredungskunst Glauben schenkt, weil man um seine ehrenhafte Gesinnung weiß. Aber Politiker in großen Staaten haben es oft nicht leicht. Man sieht das etwa bei den amerikanischen Präsidentschaftswahlen. Wie die Kandidaten sich da ständig von ihrer besten Seite zeigen müssen, ängstlich darauf bedacht, alle Kreise des Volkes für sich zu gewinnen! Sie müssen sich als Tier- und Kinderfreunde fotografieren lassen, um die Stimmen derer zu gewinnen, die darauf Wert legen. Sie dürfen zu umstrittenen Fragen nicht Stellung nehmen, um die Stimmen der Gegner ihrer Auffassung nicht zu verscherzen. Und doch müssen sie den Eindruck erwecken, eine klare Haltung zu haben... Es ist gewiß nicht leicht!

Es wäre aber auch falsch, sie zu verdammen, weil sie dieses Spiel mitmachen. Denn die Bürger einer so großen Nation können die Kandidaten nicht anders kennenlernen als aus solchen Äußerlichkeiten, aus Interviews in den Zeitungen, aus Fernsehveranstaltungen. Und wie wir sahen: ein Politiker kann seiner Sache nur dann dienen, wenn er auch Erfolg hat. Welch ein waches Gewissen muß einer haben, um hier noch unterscheiden zu können, wo die Strategie aufhört und wo die Verstellung anfängt! Ein Glück für die Staaten und Staatsmänner, die solche Komödien nicht nötig haben!

Die Politik ist deshalb ein so schwieriges, oft halsbrecherisches Geschäft, weil sie ständig Gewissensfragen stellt, ständig an Charakter, Mut, Gesinnung appelliert. Für einen Kaufmann ist es durchaus legitim, auf den eigenen Vorteil bedacht zu sein; ein Politiker sollte sich stets von der Idee des Gemeinwohls leiten lassen. Ein Arzt weiß, daß er seinen Patienten heilen soll, und wie er es tut, ist mehr eine Frage der Medizin als des Charakters. Dem Politiker hilft immer nur das eigene Gewissen. So ist es falsch zu sagen, die Politik sei ein schmutziges Geschäft. Daß sich die Politiker ums allgemeine Wohl bemühen, spricht sogar zu ihren Gunsten. Aber in der Politik kommen eben menschliche Schwächen, Ehrgeiz, Selbstsucht, Feigheit viel leichter zum Durchbruch als in anderen Berufen. Die Gefahr ist größer in der Politik.

Hier mag nun einer einwenden, diese Gefahr, die die Politik so halsbrecherisch, aber zugleich auch interessant macht, bestünde wohl für den Präsidenten der Vereinigten Staaten. Aber das, wozu in der Schweiz der Bürger Zugang habe, drehe sich nicht um große Gewissensfragen. Da gehe es nur mehr darum, in der Gemeinde eine Straße oder ein Schulhaus zu bauen, oder höchstens noch, eine staatliche Versicherung einzuführen. Und da sei die Sache doch im Grunde recht langweilig.

Das ist in der Tat eine verbreitete Meinung. Aus ihr erklärt es sich, daß heute immer weniger Bürger sich um die öffentlichen Angelegenheiten kümmern. Man sagt: «Es geht ja allen gut, und unsere Demokratie hat eigentlich alles erreicht, was es zu erreichen gibt» – und dreht sich auf die andere Seite.

Aber gerade die Demokratie ist darauf angewiesen, ständig überwacht und verbessert zu werden. Stillstand ist für sie Abstieg. Und wie leicht zerbricht diese Staatsform! Denn wenn sich der Bürger nicht mehr um den Staat kümmert, dann kümmern sich die um ihn, denen er Vorteile bringen kann. Und wer erkennt unter der Maske des besorgten Politikers, dem das Gemeinwohl über alles zu gehen scheint, den heimlichen Nutznießer! – der im Parlament in ernsten Tönen redet und im Hinterzimmer Geschäfte macht! Je weniger der Staat unmittelbar gefährdet erscheint, desto tiefer sinkt das Verantwortungsbewußtsein seiner Bürger. Dann kommen auch leicht die Ehrgeizigen zum Zug. Denn die Politik bringt ja auch Titel und Ansehen, man kommt in die Zeitung, mit Bild oft sogar. Und wieviel Charakter sie verlangt, zeigt sich häufig erst dann, wenn er fehlt. So sind in der Demokratie alle Bürger aufgerufen, den Staat unter Kontrolle zu behalten und dafür zu sorgen, daß er von fähigen Köpfen regiert wird. In alten Zeiten, als in den meisten Staaten Könige unumschränkt herrschten, da fiel das Gewissen eines Staates zusammen mit dem seines Oberhaupts. Heute ist Herrscher das ganze Volk. Jeder einzelne muß sich verantwortlich fühlen, muß ein Gewissen haben für das Wohl des Staates. Neben dem Privatgewissen für sein eigenes Handeln gleichsam noch ein zweites, ein Staatsgewissen! Denn die beste Staatsform ersetzt nicht die Gesinnung der Menschen, die im Staate handeln, ebensowenig wie das beste Gesetz den Richter ersetzt, der es anwendet.

Um dies zu erkennen, brauchen wir uns nur zu erinnern, daß es eine Demokratie war, aus der seinerzeit die nationalsozialistische Diktatur, die so vielen Menschen das Leben gekostet hat, hervorging. Hitler bediente sich geradezu der demokratischen Mittel, um an die Macht zu gelangen. Gewiß hat man hinterher auch Mängel der Staatsform entdeckt, die mitschuldig waren. Aber wesentlich war doch vor allem, daß die Gesinnung der Staatsbürger geschwächt war, aus welchen Gründen auch immer. Wenn wir uns überdies daran erinnern, daß auch die totalitären Staaten des Ostens vorgeben, Demokratien zu sein, so wird erst recht klar, daß es mit der Staatsform allein nicht getan ist. Die Politik ist heute zu einer der größten Gefahren der Menschheit geworden, schlimmer als Krankheiten, Naturkatastrophen und alles andere, was früher die Menschheit gefährdete. Sie ist «Schicksal» geworden, wie einst Napoleon sagte, und seither noch umso bedrohlicher, je mehr Machtmittel den Staaten in die Hände gegeben wurden, je vollkommener sich die Instrumente zur Beherrschung ihrer Bewohner entwickelten.

Nun wird im allgemeinen vielleicht niemand bestreiten, daß man sich um die Politik kümmern muß. Weshalb aber tun es so wenige?

In der Politik tätig zu werden, braucht sehr viel Mut. Man darf die Auseinandersetzung nicht scheuen. Man muß es auf sich nehmen, von andern, wirklich oder scheinbar, widerlegt zu werden und damit lächerlich zu erscheinen. Das braucht

Selbstvertrauen. In einer Versammlung aufstehen und gegen eine Meinung, der alle zuzustimmen scheinen, als erster eine Gegenmeinung vertreten, ist zum Beispiel nicht leicht. Vielleicht finden sich andere, die den Mutigen unterstützen, vielleicht auch nicht. Er muß es darauf ankommen lassen. Auch darf er es sich nicht verdrießen lassen, bei kleinen Dingen, bei den Einzelheiten eines Schulhausbaus oder bei einem Gesetz über eine staatliche Versicherung anzufangen. Denn auch in der geringsten ihrer Pflichten muß die Demokratie gesund bleiben.

Das alles mag sehr schulmeisterlich klingen. Es ist nichts als die alte, oft wiederholte demokratische Moral. Sie kann nichts anderes immer und immer wieder fordern als Gewissenhaftigkeit und Mut zum Politisieren!

Der Bürger und die demokratischen Institutionen (1966)

Falsche Vorstellungen und mögliche Reformen

I.

Kann das politische Interesse der Bürger durch institutionelle Reformen gehoben werden? Manche Kulturkritiker neigen dazu, die Frage schlechtweg zu verneinen. Die Ursache der herrschenden Interesselosigkeit, sagen sie, liege tiefer. Sie liege in der allgemeinen Zerfahrenheit und Verantwortungslosigkeit des modernen Menschen, in seinem «Außengeleitetsein» (D. Riesman), das ihn zum Spielball der Massenmedien und Propagandaeinflüsse machte. Der Mensch sei wurzellos geworden; er vermöge sich in der heutigen internationalen Gesellschaft, in der die Sensation das Interesse bestimme, nicht mehr zu einem staatsbürgerlichen Bewußtsein zu erheben.

Solcher Resignation gegenüber wäre vielleicht an *Rousseau* zu erinnern, der, keineswegs überoptimistisch, an seine politischen Untersuchungen herangehen wollte «en prenant les hommes tel qu'ils sont et les lois telles qu'elles peuvent être». Gewiß ist letztlich kein Staat besser als seine Bürger; doch dürfen diese auch nicht überfordert werden. Man hat als politisch Denkender zu allen Zeiten versuchen müssen, den Menschen realistisch in Rechnung zu setzen und dennoch mit institutionellen Mitteln das Beste herauszuholen. Die helvetische Neigung zur Schulmeisterei verführt nur leicht dazu, den Menschen allein zu tadeln und die Institutionen als sakrosankt zu betrachten.

Allerdings fehlt es in der Schweiz auch nicht an Stimmen, welche für die politische Abstinenz vieler Bürger, wenigstens teilweise, Verständnis bekunden und unsere Institutionen entschieden als reformbedürftig erklären. Allen voran steht heute der Basler Staatsrechtler Max *Imboden,* nach dessen «Helvetischem Malaise»[1] es nicht ohne eine Totalrevision der Bundesverfassung abgehen soll. Die Anregung, die von dieser Schrift ausgegangen ist, wirkte zweifellos belebend. Endlich einer, der die Probleme sieht, und trotzdem nicht verzweifelt! Selbst die Landesregierung – vergleiche die St. Moritzer Rede Bundesrat Tschudis vom letzten Sommer – kann es sich heute nicht mehr leisten, die Vorschläge zu institutionellen Reformen zu ignorieren.

Freilich darf man bei aller Reformwilligkeit auch die Möglichkeiten der heutigen Demokratie nicht überschätzen. Es scheint, daß das vielberufene Malaise oft nicht so sehr durch tatsächliche Übelstände hervorgerufen wird als durch übertriebene Erwartungen, mit denen man an die Wirklichkeit herangeht. Um es kraß auszudrücken: Man stellt sich unter einer Demokratie immer noch vielfach eine Selbstregierung des Volkes vor und ist erstaunt festzustellen, daß in Tat und Wahrheit doch recht weitgehend der Bundesrat regiert. Hier gälte es zunächst einmal ein besseres Verständnis der Demokratie und des Wesens ihrer Institutionen zu schaffen, und zwar schon im elementarsten staatsbürgerlichen Unterricht. Dies ist eines der Grundprobleme im Verhältnis des Bürgers zu den demokratischen Institutionen. Auf diese Frage soll deshalb zuerst eingegangen werden.

II.

Da es eine Eigenart des schweizerischen Staatsrechts ist, daß es Volksrechte wie Referendum und Initiative kennt, und da

---

1   Max Imboden, Helvetisches Malaise, Zürich 1964.

in der Schweiz die Versammlungsdemokratie – der Landsgemeindekantone und kleineren Gemeinden – traditionell eine bedeutende Rolle spielt, hält man bei uns zäher als anderswo an einem ideologischen Bild der Demokratie fest, das auf die heutigen Verhältnisse nicht mehr paßt: man versteht sie als effektive Herrschaft des souveränen Volkes. Der Begriff der Souveränität, ursprünglich geschaffen, um die unbegrenzte Machtfülle des absoluten Monarchen rechtlich zu fassen, und später auf den Staat als Abstraktum übertragen, wird dabei zum Attribut eines Volkes, das man sich im Grunde personifiziert auf dem Herrscherstuhle sitzend vorstellt. Man sieht nicht mehr die Vielfalt der Meinungen und Interessen, welche wir im Volk der Wirklichkeit kennen und aus der nur mit Hilfe des Mehrheitsprinzips eine globale Entscheidung gewonnen werden kann.

Das Volk hat vielmehr einen Willen, es ist, wie man in Abstimmungskommentaren lesen kann, bald gut-, bald übelgelaunt, mit einem Wort: die Vielfalt erscheint als Einheit, der man mitunter eine fast mythologische Gestalt verleiht.

Nicht anders läßt es sich verstehen, wenn sogar in der Wissenschaft die Ersetzung des repräsentativen Staats durch eine «reale Volksherrschaft» gefordert wird. Und auch wenn Imboden im «Malaise» verlangt, es müßten dem Volk mehr «Alternativen» vorgelegt werden, so steigt der Verdacht auf, er denke dabei an eine Helvetia, die sich eine Speisekarte vorlegen läßt, um daraus das ihr Zuträgliche auszuwählen.

Damit soll nicht gesagt werden, daß man die Mehrheitsentscheidung der Stimmbürger, als Ausdruck der öffentlichen Meinung, nicht ernst nehmen soll, ernster als man es heute zuweilen tut. Was aber klar werden sollte, ist dies: In einer Demokratie von der Größe der Eidgenossenschaft kann nicht das Volk regieren, sei es nun personifiziert vorgestellt oder als Versammlung der Stimmbürger an den Urnen. Regieren ist hier vielmehr ein Prozeß, an dem zwar viele in verschiedenartigen Formen beteiligt sind, oder die Möglichkeit haben, sich zu beteiligen, in welchem aber, vor allem, die Beteiligten ihren Mitbürgern gegenüber verantwortlich sind und von ihnen auch kontrolliert werden. Das ist das Wesentliche. Deshalb sprechen die Angloamerikaner von der Demokratie, wie man weiß, als einem « responsible government » und vom Regieren als dem « governmental process ».

Das ist im Grunde altbekannt. Und doch bin ich überzeugt, daß jene personifizierende Betrachtungsweise mehr ist als ein Denkbehelf zur Vereinfachung, daß sie im Gegenteil viel Unheil stiftet und für unsere Frage eine wesentliche Bedeutung hat. Ist es nicht verständlich, wenn einer, der in der Schule gelernt hat, das souveräne Volk regiere, enttäuscht ist, sobald er merkt, daß er mit seinem Stimmzettel nur noch Ja oder Nein sagen kann? Und wenn er deshalb zum bekannten Schluß kommt: « Sie machen ja doch, was sie wollen!»? Hätte man ihm gesagt, er übe mit dem Referendum bloß eine Kontrollfunktion aus und habe nur die Möglichkeit, ein Veto auszusprechen, so würde er diese bescheidenere Aufgabe vielleicht zuversichtlicher erfüllen. Statt dessen wird noch in staatsrechtlichen Lehrbüchern selbst das Nichtergreifen des fakultativen Referendums als « stillschweigendes Ja » des souveränen Volkes gedeutet. Weshalb es denn auch nicht verwunderlich ist, wenn das Parlament mitunter zu glauben scheint, durch Unterstellung eines Beschlusses unter das Referendum die Verantwortung auf das Volk abgeschoben zu haben. Wüßte man besser, daß Regieren in der Demokratie ein Prozeß ist, in dem die Vielfalt der Meinungen und Interessen zu einem Ausgleich gebracht werden muß, so verschwände vielleicht auch mancherorts die übertriebene Animosität gegen den Kompromiß und die Verbände: man lernte den echten und notwendigen Kompromiß vom Kuhhandel unterscheiden, wiese den Verbänden den Platz zu, der ihnen zukommt, und brauchte nicht beide radikal zu verdammen, um insgeheim zuzugeben, daß wir doch auf sie angewiesen sind.

Vor aller Reform sollte also einmal ein realistisches Bild dessen geschaffen werden, was heute die Demokratie sein kann. Es hat zum Beispiel keinen Sinn, daran festzuhalten, daß der Bundesrat der Diener des Parlaments sein solle, obschon man schon vor hundert Jahren wußte, daß die Führung in aller Regel eben doch beim Bundesrat liegen muß. Besser wäre es, die parlamentarische Kontrolle ernster zu nehmen; im Bewußtsein dieser zumutbaren Aufgabe könnte auch das Selbstvertrauen der Bundesversammlung wieder wachsen, das durch den Kontrast zwischen mißverstandenem Ideal und Wirklichkeit in der letzten Zeit so sehr gelitten hat.

III.

Es soll nun versucht werden, von diesen Überlegungen her an die einzelnen Institutionen heranzugehen, die für das politische Bewußtsein der Bürger von Bedeutung sind. An erster Stelle steht hier zweifellos das *Referendum*. Dieses ist, wie gesagt, kein Mittel, um den Staat durch die Gesamtheit der Stimmbürger regieren zu lassen. Es ist kein Ersatz für die Versammlungsdemokratie, wie sie in einer kleinen Gemeinde möglich ist. Das Referendum hat vielmehr eine rein kontrollierende Funktion, da es sich in seiner praktischen Auswirkung auf ein Vetorecht beschränkt, und sein Sinn kann nur der sein, der Einführung dessen zu wehren, was sich von der Überzeugung der Staatsbürger allzu weit entfernt.

Davon muß auch im Gespräch über mögliche Reformen ausgegangen werden. Einmal zeigt es sich, daß das fakultative Referendum seine Funktion besser erfüllt als das obligatorische, von der Überlastung des Stimmbürgers durch dieses noch abgesehen. Denn überall dort, wo abgestimmt werden *muß,* auch über unbestrittene Vorlagen, ist es notwendig, daß sich der Stimmbürger ans Ja-Stimmen gewöhnt, damit überhaupt konstruktive Arbeit möglich ist. Dies führt aber dazu, daß seine Wachsamkeit erlahmt und daß mit den übrigen zusammen auch zweifelhafte Vorlagen leicht durchgehen. Wo der Bürger dagegen weiß, daß es schon einer gewissen Gegnerschaft bedurft hat, um überhaupt eine Abstimmung zustandezubringen, ist die an ihn gestellte Frage viel offener. Durch die vorausgegangene Referendumskampagne kennt er auch die Argumente der Gegner besser und fühlt sich stärker zur Entscheidung aufgerufen. Das obligatorische Referendum gleicht oft einer Wahl mit nur einem Kandidaten. Es schadet zudem dem politischen Interesse durch Überfütterung.

Bei der Einführung des Fakultativums braucht man freilich nicht große Unterschriftenzahlen zu verlangen. Es genügt eine Zahl, die Querulanten ausschließt. Andernfalls besteht die Gefahr, daß nur noch große Organisationen zur Ergreifung des Referendums imstande sind, die ohnehin schon im Parlament genügend Einfluß haben. Das Referendum wird dann aus einem Volksrecht zu einer Rekursmöglichkeit für unzufriedene Minderheiten, die auf die Manipulation der öffentlichen Meinung durch Propaganda vertrauen.

Wie verhält es sich nun mit dem Vorschlag Imbodens, der Bürgerschaft mehr Alternativen vorzulegen? Gewiß ist es störend, daß vielfach nebensächliche Fragen dem Referendum unterliegen, während die Grundentscheidungen, die jene präjudizieren, bereits getroffen sind. Hier wäre wohl eine Verbesserung möglich. In den meisten Fällen sind aber die Vorlagen einfach Ergebnis eines Gesprächs zwischen den Beteiligten, in welchem man versucht hat, die Standpunkte einander anzunähern, notwendige Konzessionen zu machen und zu einer für alle Teile befriedigenden Lösung zu gelangen. Darin beruht gerade ihr demokratischer Charakter. Diesen Prozeß nun zu überspringen, indem man absolute Lösungen über den Kopf der Beteiligten hinweg dem Volk zur Wahl vorlegte, könnte zu einer gefährlichen Mißachtung von Minderheiten führen. Der Vorschlag der Alternativabstimmung beruht letztlich auf einem dezisionistischen Denken, in dem zugunsten der Entscheidung das Gespräch und der Ausgleich zu kurz kommen. Gewiß neigen wir Schweizer zum voreiligen Kompromiß und scheuen uns oft zu sehr, in einem dialektischen Prozeß die Gegenstände auszutragen. Aber diese Schwäche birgt auch eine Tugend in sich und kann nicht durch ein Alternativ-Referendum beseitigt werden; damit würde das Kind mit dem Bade ausgeschüttet und das auf Verständigung beruhende Funktionieren gerade unserer Demokratie verkannt.

Was das zweite Volksrecht, die *Initiative,* betrifft, so steht hier vor allem die Einführung der Gesetzesinitiative im Bund zur Diskussion. Die Gesetzesinitiative hat in den Kantonen eine geringe Bedeutung. Ihre Einführung im Bunde ist aber besonders deswegen bedenklich, weil damit wiederum der gerade bei der Gesetzgebung wichtige Prozeß der Verständigung übersprungen werden könnte. Daß durch Verfassungsinitiativen, die im Grund Gegenstände der Gesetzgebung betreffen, unter der geltenden Ordnung der Verfassungstext verunstaltet wird, ist bloß aus ästhetischen Gründen anstößig und fällt demgegenüber nicht ins Gewicht. Allgemein ist ja die Initiative im wesentlichen bloß ein Ventil: sie erlaubt, Dinge zur Sprache zu bringen, die im Volk ein Unbehagen verursachen, aber von den Behörden vernachlässigt werden. In diesem Sinne war meines Erachtens sogar die vielgeschmähte Chevallier-Initiative nützlich. Um diese Funktion zu erfüllen, genügt aber die Verfassungsinitiative vollauf.

IV.

Neben den Volksrechten ist auch die Ausgestaltung der Behörden für das politische Bewußtsein der Bürger von Bedeutung. Zumal das *Parlament* sollte nach wie vor der Ort sein, an dem sich dieses Bewußtsein kristallisiert, gewissermaßen die politische Bühne der Nation, an der sich die öffentliche Meinung bildet und auf der sie zum Ausdruck kommt. Nicht zwar, daß das Parlament tatsächlich die « oberste Gewalt » sein könnte, als die es in der Verfassung bezeichnet ist; diese Bezeichnung trifft bloß in einem formellen Sinn zu, insofern, als die Beschlüsse der Bundesversammlung für die übrigen Behörden verbindlich sind. Die Auffassung aber, daß das Parlament als Stellvertretung des Volkes dessen höchsten Willen dominierend zum Ausdruck zu bringen hätte, scheitert schon daran, daß das Volk eben gar keinen einheitlichen Willen hat. Gerade weil es sich im Parlament in gewisser Weise spiegelt, ist auch dieses ein Konglomerat von Meinungen und Interessen, wie es unserer pluralistischen Gesellschaft entspricht. Deshalb ist auch das Parlament zur « Regierung » denkbar schlecht geeignet. Nichts ist wirklichkeitsfremder als die Meinung, daß der Bundesrat der Untergebene des Parlaments sein sollte, bloß dazu da, dessen Befehle auszuführen. Allerdings sollte es auch nicht umgekehrt sein, wie es heute zuweilen den Anschein macht. Erstrebenswert wäre vielmehr ein Gleichgewicht: das Parlament als anregendes und kontrollierendes Organ, in dem die Vielfalt der Gesichtspunkte zum Ausdruck kommt und Rechenschaft gefordert wird – der Bundesrat als leitendes Organ, das mit seiner Verwaltung die Hauptarbeit leistet und dafür vor dem Parlament die Verantwortung trägt.

Dieser bescheidenere Anspruch an das Parlament, der freilich die herkömmlich-scharfe Trennung zwischen Legislative und Exekutive aufgibt, wie sie die Praxis längst aufgegeben hat, könnte wohl heute noch erfüllt werden. Aber auch in seinem Rahmen muß man sich noch vor falschen Idealen hüten. Es geht nicht vor allem um eine Kontrolle durch glänzende Rhetorik in der Vollversammlung, etwa nach dem Muster des englischen Parlaments im 18. Jahrhundert. Das liegt dem Schweizer ohnehin schlecht. In den Kommissionen wird nach wie vor die Hauptarbeit geleistet werden müssen. Trotz der schlechten Presse, die sie bei manchen Leuten haben, hätte ich keine Bedenken, ihre Zahl noch zu vermehren und sie stärker zu institutionalisieren, wie es gegenwärtig für die Geschäftsprüfungskommission versucht wird. Indessen müßte auch dieser Teil der Parlamenttätigkeit der Öffentlichkeit besser zugänglich gemacht werden. Das politische Interesse der Bürger muß dort seine Nahrung erhalten, wo die effektive Arbeit geleistet wird. Das ist für das staatsbürgerliche Bewußtsein von eminenter Bedeutung. Gerade vor der Öffentlichkeit haben wir aber in der Schweiz oft eine merkwürdig undemokratische Furcht. Ist es nicht unangemessen, daß bei uns zwar das kleinste Gerichtsverfahren öffentlich ist, Sitzungen aber, in denen wesentliche Fragen der Gesetzgebung entschieden werden, hinter geschlossenen Türen stattfinden?

Man könnte sich hier wohl ein Beispiel an den Amerikanern nehmen, deren Parlament heute, soweit ich sehe, das einzige der Welt ist, dem von keiner Seite Schwäche in der Beaufsichtigung der Regierung vorgeworfen wird. Man hat in der Schweiz bei der Einführung der sogenannten « Hearings » (die in Amerika öffentliche Vernehmungen von Interessenten, Sachverständigen und Beamten durch parlamentarische Kommissionen sind) den Gesichtspunkt der Öffentlichkeit allzu sehr außer acht gelassen. Gewiß kann das amerikanische System nicht einfach übernommen werden, schon deshalb nicht, weil bei uns die – in der amerikanischen Gerichtspraxis entwickelte – Debattierkunst fehlt. Aber man wird auf die Dauer die Öffentlichkeit nicht von dem heute wichtigsten Teil der Parlamenttätigkeit ausschließen können, ohne die Beziehungen zwischen Parlament und Bürgerschaft ernstlich zu gefährden. Der Umstand, daß die Öffentlichkeit nicht dabei ist, wenn die echten Diskussionen geführt werden, hat übrigens auch zur Folge, daß in der Vollversammlung viele Reden zum Fenster hinaus gehalten werden müssen, womit viel Zeit verloren geht.

Es ist hier nicht der Ort, um alle Vorschläge zur Verbesserung der parlamentarischen Arbeit zu besprechen. Sicher ist aber, daß ein gut und öffentlich funktionierendes Parlament für das Bewußtsein der Bürger wesentlich ist. Unserer Bundesversammlung mangelt vielfach noch das Selbstvertrauen, weil zwischen dem, was sie leisten kann und zum Teil auch wirklich leistet, und dem, was sie nach demokratischer Ideologie sein sollte, eine allzu große Kluft besteht. Es hat schon des Anstoßes der Mirageaffäre bedurft, damit sie nur den Mut zu den nötigsten Reformen fand. Immer noch läßt sie sich oft vom Bundesrat gängeln. Schon der frühere Nationalrat Albert *Oeri* hat sich darüber beklagt, daß die Bundesräte in ihren Schlußreden oft nichts anderes mehr machten, als den Parlamentariern für ihre Voten Zensuren auszuteilen. Heute hat sich daran nichts geändert; man scheint sich aber nicht einmal mehr zu beklagen.

Es ist bemerkenswert, daß der englische Politologe *Hughes,* der vor ein paar Jahren unser Parlament untersucht hat,[2] im wesentlichen zu einem positiven Ergebnis gekommen ist, obschon er ein schwaches Parlament zu finden erwartet hatte. Was er aber positiv beurteilte, war vor allem seine Kommissionsarbeit, sein Verhältnis zu den Verbänden und Experten,

---

2 Christopher Hughes, The Parliament of Switzerland, London 1962.

kurz: all das, was hinter den Kulissen sich abspielt und oft kritisiert wird. Auch er betonte im übrigen die Kluft zwischen dem, was man sich in der schweizerischen Theorie vielfach vorstellt, und dem, was tatsächlich geschieht und vernünftigerweise zu erwarten ist. Zur Hebung des politischen Bewußtseins der Bürger wäre demnach zunächst die Theorie zu berichtigen. Sodann wäre die geleistete Arbeit der Öffentlichkeit besser zugänglich zu machen. Und seit der Mirage-Affäre – Hughes' Untersuchung fand vorher statt – wissen wir auch, daß es erheblich besserer Kontrollmittel bedarf.

V.

Was unsere *Regierung* betrifft, so zeichnet sie sich vor allem durch große Stabilität aus. Dies ist gewiß nicht geringzuschätzen; aber ebenso gewiß ist es dem politischen Interesse abträglich. Nun wird diesem wohl niemand die Stabilität opfern wollen. Eine ernsthafte Frage ist jedoch, ob unsere Bundesräte nicht allzufest im Sattel sitzen. Der Rücktritt Bundesrat Webers nach der Verwerfung seiner Finanzvorlage wurde von vielen als Überempfindlichkeit kritisiert. Doch ist solche mir immer noch lieber als die Elefantenhaut, die andere Bundesräte zu haben scheinen. Gewiß bedürfen sie ihrer, wenn sie durch eine notwendige Maßnahme bei den Betroffenen unpopulär geworden sind. Was aber die politische Verantwortlichkeit betrifft, so ist sie hier fehl am Platz. In England kann das Versagen eines Beamten zum Rücktritt eines Ministers führen, auch wenn diesen gar keine Schuld trifft. Bei uns wird ein vorzeitiger Rücktritt wegen vorgekommener Fehler einer Dienstentlassung gleichgestellt und als ehrenrührig empfunden; und wer ihn fordert, ist fast ein Landesverräter.

Nebst ihrer Stabilität zeichnet sich unsere Regierung, als ganze gesehen, vor allem durch ihre Farblosigkeit aus. Es ist bei uns so, daß, außer in Einzelfragen durch die Person des mit ihnen befaßten Bundesrats, niemand zu sagen vermöchte, was eigentlich die Politik der Regierung sei. Eine einheitliche Führung eines Staates, die Verwirklichung eines Regierungsprogramms etwa wie das der Kennedy-Administration, ist bei uns so gut wie unbekannt. Dies hat vor allem zur Folge, daß eine bewußte Planung in die Zukunft hinein fehlt. Ein Vorschlag Imbodens zielt deshalb auf Schaffung eines «zivilen Generalstabs» ab, eines Stabes von planenden Fachleuten, der diesen Mangel steuern und Alternativen für die Bewältigung der Zukunftsprobleme ausarbeiten sollte.

Indessen hängt die Farblosigkeit der Regierung eng mit unserem politischen System zusammen. Seit für den Nationalrat das Proporzwahlsystem eingeführt wurde, ist das Proporzdenken, das seiner Neigung zur Verständigung entspricht, dem Schweizer in Fleisch und Blut übergegangen. Seiner Anwendung auf die Bundesratswahl, die immer wieder energisch kritisiert wird, ist wohl nicht mit Erfolg entgegenzutreten, solange die Bundesräte einzeln gewählt werden und die Parteien auf gegenseitige Unterstützung angewiesen sind. Wo eine geschlossene Mehrheit fehlt, kann eine Regierung, die eine einheitliche Führung verspricht, nur dadurch geschaffen werden, daß ein Einzelner gewählt und allein mit der Zusammenstellung des Regierungskabinetts beauftragt wird. Dazu ist jedoch das Kollegialsystem in der Schweiz zu tief verwurzelt. Wir werden uns deshalb wohl mit der Allparteienregierung abzufinden haben. Von ein und derselben Verwaltung aber zu verlangen, daß sie, mit der gleichen Ernsthaftigkeit, verschiedene Pläne ausarbeite, zwischen denen die Regierung bloß noch wählen könne, ist wohl ein unerfüllbarer Anspruch. Alternativvorschläge sind nur von einem Schattenkabinett zu erwarten, das ernsthafte Aussicht hat, sie auch einmal verwirklichen zu können.

Immerhin gibt es Mittel, um wenigstens in Einzelfragen zu den Alternativvorschlägen zu gelangen, deren Fehlen auf der Stufe der Regierung – anders als beim Referendum – mit Recht empfunden wird, weil von hier weitreichende Initiativen ausgehen sollten. Ich denke zum Beispiel an die Möglichkeit, Aufträge zur Prüfung von Fragen der Öffentlichkeit an verschiedene Private gleichzeitig zu vergeben oder Wettbewerbe darüber zu veranstalten. Es ist wohl nicht zu bestreiten, daß die Verwaltung immer zum Konservatismus neigt. Auch kennt sie die politischen Widerstände zu genau, als daß man von ihr weitblickend-kühne Vorschläge erwarten könnte. Wenn aber schon der erste Entwurf einer Sache, noch vor aller weiterer Beratung, alle zu gewärtigenden Abstriche bereits vornimmt, wie es oft geschieht, so kommt leicht überhaupt nichts Rechtes heraus. Nicht umsonst beruhen alle unsere großen Gesetzgebungswerke auf Entwürfen eines einzelnen Privaten und nicht auf Verwaltungsentwürfen. Gerade auch zur Hebung des politischen Interesses der Bürger wäre es wünschenswert, wenn die Verwaltung vermehrt zu einer Clearing-Stelle der Ideen Privater würde, die in ihrem Denken freier sind als sie.

Mit der Allparteienregierung hängt im übrigen auch das vieldiskutierte Fehlen einer starken Opposition im Parlament zusammen. Wenn die Prognose richtig ist, daß wir uns mit der Allparteienregierung abfinden müssen, so stehen wir freilich auch hier an der Grenze dessen, was mit institutionellen Reformen zu erreichen ist. Gewiß wird die Opposition bei uns ein wenig durch das Referendum ersetzt. Möglich wäre ferner, daß von der Fiktion des bundesrätlichen Kollegialbeschlusses in der Praxis stärker abgewichen würde und daß die einzelnen Parteien wenigstens die nicht zu ihr gehörenden Bundesräte schärfer aufs Korn nähmen. Doch hängt auch dies vor allem mit dem Selbstbewußtsein der Parlamentarier und deren Persönlichkeit zusammen, und man kann auf institutionellem Wege nur die Kontrollmittel verbessern, nicht aber garantieren, daß diese auch ausgenützt werden.

VI.

Dieser Überblick ist notgedrungen sehr summarisch und berührt wichtige Gebiete institutioneller Reformen – etwa die Verwaltungs- und Verfassungsgerichtsbarkeit – überhaupt nicht. *Zusammenfassend* läßt sich indessen sagen, daß neben dem Abbau ideologischer Mißverständnisse und arbeitsmäßiger Überlastung des Bürgers vor allem jene institutionellen Änderungen zur Hebung des politischen Interesses beitragen dürfen, die darauf abzielen, die Diskussion lebendiger zu machen und der Öffentlichkeit Einblick dort zu verschaffen, wo die effektive Arbeit geleistet wird. Von diesem letzteren Gesichtspunkt aus ist auch zum Beispiel der Vorschlag zu begrüßen, die Vernehmlassungen der Verbände gedruckt zu veröffentlichen. Dies wäre gleichzeitig geeignet, die Verbandseinflüsse in Schranken zu halten und die parlamentarische Kontrolle, durch bessere Kenntnis des Vorverfahrens, zu verstärken.

Immerhin darf man sich von institutionellen Reformen allgemein nicht zuviel versprechen. Die relativ schwache Anteilnahme des Durchschnittsbürgers an der öffentlichen Sache ist zweifellos auch einfach ein Zeichen des Wohlstands und des Fehlens unmittelbar lebenswichtiger Probleme. Freilich ist es, wie schon Cicero gesagt haben soll, notwendig, auch in guten Zeiten den Staat nicht zu vernachlässigen, damit man in schlechten Zeiten vorbereitet ist. Die Hysterie, die mitunter gewisse Kreise ergreift, wenn irgendein längst bestehendes Problem plötzlich aktuell geworden ist – ich denke etwa an die Frage des Osthandels vor ein paar Jahren oder heute an das Problem der Überfremdung –, sollte diesem Gedanken einigen Nachdruck verleihen.

Es wird hie und da die Meinung geäußert, die schwache Stimmbeteiligung habe auch ihr Gutes: sie garantiere, daß nur diejenigen stimmten, denen die vorgelegte Frage etwas bedeute. Diese Argumentation hat sicher etwas für sich; wünschbar wäre aber eben, daß die wichtigen politischen Fragen mehr Bürgern etwas bedeuteten. Man sollte sich ebenso davor hüten, die Lage zu beschönigen, wie in Kulturpessimismus zu resignieren. Mir scheint, es bestehen in der Schweiz übertriebene Hemmungen vor institutionellen Reformen. Wir scheuen uns oft schon davor, das Funktionieren unserer Einrichtungen unvoreingenommen zu untersuchen. Es geht zwar meines Erachtens nicht, wie Imboden meint, um einen «bewußten Neubau» unseres Staates; mehr um einen zuversichtlichen Ausbau des Bestehenden. Es gilt, auch bei den heutigen gewachsenen Staatsaufgaben dem Verwaltungsapparat und den ihn bestimmenden Einflüssen gegenüber die demokratische Kontrolle wirksam zu erhalten, damit das «responsible government» eine Realität bleibt. Die Mythologisierung von «Mächten» wie «Bürokratie» oder «Verbände» sollte freilich ebenfalls vermieden werden. Sie kann, wie die falsche demokratische Ideologie, dazu führen, daß der Bürger plötzlich vor seiner Aufgabe kapituliert. Notwendig wäre, sich ohne Dogma über die Funktionen klar zu werden, die unsere Institutionen erfüllen sollen und können, und zuversichtlich und aufgeschlossen das Nötige zu tun, um ihre Erfüllung zu ermöglichen.

Die Schweiz seit 1945 aus der Sicht der jungen Generation (1971)[1]

Im Jahre 1945, an dem Tag, als bei uns in Bern (und wahrscheinlich in der ganzen Schweiz) die Glocken läuteten, um das Ende des Krieges zu verkünden, damals war ich noch nicht ganz neun Jahre alt. Ich erinnere mich an jenen Tag. Einer meiner Schulfreunde und ich, wir hatten damals, ich weiß nicht mehr genau warum, aber sicher im Zusammenhang mit diesem freudigen Ereignis, die Summe von sechs Franken erhalten, und wir waren in die Stadt gefahren, um jedem von uns damit ein kleines Flugzeug zu kaufen, eines von denen, die man mit einer Gummischleuder in die Luft schießen kann. Ich erinnere mich, wie wir in Bern über den Bahnhofplatz gingen, während von der Heiliggeistkirche die Glocken läuteten. Wir traten in den Laden ein und sahen uns die Flugzeuge an. Sie kosteten acht Franken. Wir wollten schon enttäuscht wieder umkehren, da sagte die Verkäuferin: «Ihr könnt sie für sechs Franken haben. Weil Frieden ist.» Daran merkte ich, daß das Ende des Krieges ein wichtiges Ereignis sein mußte.

Das war vor fünfundzwanzig Jahren. Und heute stehe ich vor Ihnen, um über das Thema zu sprechen: Die Schweiz seit 1945 aus der Sicht der jungen Generation.

Es ist kein Zweifel: Als ich es letzten Sommer übernahm, über dieses Thema zu sprechen, muß ich an einer Anwand-

---

[1] Dies ist der unveränderte Text des letzten Vortrags der Reihe, die diesem Werk zugrunde liegt. Da er keine selbstständige Abhandlung darstellt, sondern in Form einer Plauderei rückblickend auf die vorangegangenen Vorträge Bezug nimmt, habe ich bewußt darauf verzichtet, die rhetorischen Elemente auszumerzen.

lung von galoppierender Selbstüberschätzung gelitten haben. Denn Sie haben vor mir eine Reihe hervorragender Fachleute von höchster Prominenz gehört, die, jeder auf seinem Fachgebiet, die Entwicklung der letzten 25 Jahre dargestellt haben, eine Entwicklung, die zum Teil durch ihr eigenes Wirken maßgeblich mitgestaltet worden ist. So, um nur zwei Beispiele herauszugreifen, hat Bundesrat Petitpierre über die Außenpolitik, Oberstkorpskommandant Ernst über die Landesverteidigung gesprochen. Und nach solchen prominenten Fachleuten stehe ich hier vor Ihnen, weder prominent noch Fachmann, und soll nicht die Entwicklung auf einem bestimmten Gebiet, nein, diejenige der Schweiz schlechthin seit 1945 behandeln. Sie werden verstehen, daß mir das einigermaßen Gänsehaut verursacht.

Aber damit nicht genug. Ich soll darüber sprechen, aus der Sicht der jungen Generation. Nun, das könnte vielleicht eine Einschränkung und insofern eine Erleichterung bedeuten; denn ich selbst gehöre ja zu dieser Generation. (Ich will davon schweigen, daß ich auch schon den Satz gehört habe: «Der ist schon alt, der ist ja schon über dreißig.») Aber was ist denn diese junge Generation, in deren Namen ich hier sprechen soll? Sie reicht von denen, die mit unserer Gesellschaft so sehr einverstanden sind, daß sie nicht warten können, ins große Geschäft einzusteigen, bis zu denen, die mit ihr so wenig einverstanden sind, daß sie nicht warten können, sie vollständig zu revolutionieren. Den einen wirft man ihre politische Interesselosigkeit vor, den anderen die Radikalität ihres politischen Engagements. Und während für manche die Schweiz noch heute die Musterdemokratie ist, die sie andern Ländern zur genauen Nachahmung empfehlen möchten, ist sie für andere als politische Einheit schon überholt und dazu bestimmt, in einem vereinigten Europa aufzugehen. Ist es möglich, verbindlich für eine Generation zu sprechen, die in sich so wenig geeinigt ist? Und gehören denn wir, die wir zumindest das Ende des Krieges noch bewußt erlebt haben, überhaupt noch zur selben Generation wie diejenigen, die heute, etwa an den Universitäten, von sich reden machen? Es ist vielleicht angezeigt, zunächst einmal zu sehen, was denn diese Generation überhaupt für Gemeinsamkeiten haben könnte, die sie von der älteren Generation unterscheiden.

1. Was ist die junge Generation?
Ich möchte hier drei Punkte hervorheben. Einmal unterscheidet sich die jüngere Generation darin von der älteren, daß sie die Bedrohung unseres Landes und unserer überkommenen Staatsform vor und während des Krieges nicht mehr als ein Problem erfahren hat, mit dem sie sich selbst auseinandersetzen mußte. Es ist ein Argument, das in Gesprächen zwischen älteren und jüngeren Leuten von jenen immer wieder geäußert wird: Ihr habt halt nicht mehr erlebt, wie wir auf allen Seiten umschlossen waren, wie wir uns auf unsere eigenen Kräfte besinnen mußten, usw. Darauf können wir nichts antworten. Wir haben es nicht erlebt. Und wenn ich versuchen soll zu sagen, was für einen Unterschied diese Erfahrung oder eben das Fehlen dieser Erfahrung bewirkt hat, so ist es vielleicht dieser: Für die ältere Generation gab es eine Zeit, in der es darum ging, die Schweiz, wie sie war, mit ihrer Staatsform und ihren politischen Institutionen ganz einfach nur zu erhalten, zu bewahren, ohne daß man sich wesentlich darum kümmern mußte, aus dieser Schweiz auch «etwas zu machen». Während sich für uns, als wir zu politischem Bewußtsein erwachten (sofern wir überhaupt zu einem politischen Bewußtsein erwacht sind), die Frage stellte: Was wollen wir mit unserem Staat? Was ist seine Zukunft, das Ziel, auf das wir hinarbeiten müssen?

Der Unterschied hat auch in anderer Hinsicht unser Verhältnis zur Politik bestimmt: Die gemeinsame Bedrohung hat z.B. in unserer Innenpolitik dazu geführt, daß sich die politischen Parteien einander stark angeglichen haben. Da sie sich gemeinsam gegen außen verteidigen mußten, rückten ihre Meinungsverschiedenheiten untereinander in den Hintergrund. Uns störte das, als wir uns für Politik zu interessieren begannen. Wir empfanden die Wahlen mitunter als Scheingefechte, ärgerten uns über die Kompromißwirtschaft und fühlten uns einem Klüngel von Politikern gegenüber, der jede mutige Auseinandersetzung scheute. Es mag dies zur oft beklagten politischen Interesselosigkeit der Jugend, wie auch zu deren Radikalität, nicht unwesentlich beigetragen haben.

Ein zweiter Unterschied liegt darin: Wir haben auch die Krise nicht mehr selber erlebt. Der wirtschaftliche Aufschwung der Schweiz nach dem Zweiten Weltkrieg, die Hochkonjunktur und der Wohlstand, der uns daraus erwuchs, das alles sieht die ältere Generation noch immer auf dem Hintergrund einer Erfahrung, die für uns kaum nachvollziehbar ist. Es ist die Erinnerung an eine Zeit, wo der Kampf um den Arbeitsplatz noch die ganze Kraft erforderte, wo die Teilhabe an den Errungenschaften der Industrie und Technik keineswegs selbstverständlich war. Diese Dinge sind für unsere Väter wichtiger als für uns. Man hat dafür dankbar zu sein; man soll das nicht leichtfertig aufs Spiel setzen.

Für unsere Generation sind Konjunktur und Wohlstand entweder selbstverständlich, oder wir betrachten sie sogar mit Schrecken. Der Einfluß der Wirtschaftsinteressen in der Politik beunruhigt uns, weil wir diese Interessen weniger ernst nehmen. Der Überfluß der Konsumgüter ekelt uns mitunter an, so daß wir verstehen können, wie gewisse Hippies dazu kommen, sich zum einfachen Leben zurückzusehnen und ihr Brot wieder selber anzusäen. Die Revolte gegen die Zivilisation liegt einer Generation näher, die nicht mehr selber hat für die Zivilisation kämpfen müssen. Damit hängt in politischer Hinsicht zusammen, daß die Ruhe und Ordnung, die Stabilität des öffentlichen Lebens von der jüngeren Generation nicht mehr so ernst genommen wird wie von der ältern. Wenn Studenten demonstrieren, sich auf die Straße setzen, gar Steine werfen, so sehen ihre Väter darin ein leichtfertiges Aufs-Spiel-Setzen des sozialen Friedens, den sie selbst einmal mühsam errungen haben. Die jüngere Generation ist eher geneigt, darin eine Befreiung aus dem allzu perfekten sozialen Zwangssystem zu erblicken, in das sie ohne ihr Befragen hineingeboren worden sind. Gewiß, nicht alle jungen Leute setzen sich auf Tramschienen, und ich will hier nicht doch plötzlich die junge Generation als politisch gleichgerichtet hinstellen. Ich sage nur: für sie ist, von ihrer politischen Erfahrung her, der Widerstand gegen derartige Ausbrüche weniger groß.

Das sind Unterschiede, die sich aus den Erfahrungen der älteren Generationen vor 1945 ergeben. Ein letzter Unterschied, der für unser Thema bedeutsam ist, ergibt sich aus dem Blickpunkt, von dem aus wir diese 25 Jahre selbst ansehen. Ich habe erwähnt, daß einige meiner Vorredner die Entwicklung in diesem Zeitabschnitt auf ihrem Gebiet selbst beeinflußt und gestaltet haben. Verallgemeinernd kann man sagen: was in diesen 25 Jahren passiert ist, ist das Lebenswerk der älteren Generation selbst. Wenn sie auf diese Epoche blickt, dann ist das für sie ein Rückblick auf ihr Lebenswerk, auf etwas, das sie als ihre eigene Vergangenheit empfindet. Wir Jüngeren haben dieser Entwicklung bestenfalls zugesehen, wir haben daran nicht mitgearbeitet. Die Schweiz von 1945 bis 1970 ist für uns nicht unser Lebenswerk, sondern ein Ausgangspunkt. Was in dieser Zeit passiert ist, finden wir heute vor, und es wird sich für uns darum handeln, von hier aus weiterzugehen. Nicht was geleistet wurde, beschäftigt uns; das ist schön, aber wir können davor nur respektvoll den Hut ziehen. Aber was unterlassen wurde, was noch zu tun bleibt, das erfordert unsere volle Aufmerksamkeit. Wir sind deshalb nicht sehr geneigt, unseren Vätern dafür Lob zu spenden, daß sie uns ein so wohlgeordnetes Staatswesen vermachen; wir ärgern uns eher, daß die Mißstände in der Schweiz nicht einfacher mit Händen zu greifen, nicht schreiender sind, so daß wir nun einfach die Ärmel hochkrempeln und uns an die Arbeit machen könnten. Man nehme uns das nicht übel. Manche von uns glauben wohl zu wissen, in welcher Richtung nun der Weg weitergehen muß. Aber wer nicht allzu naiv an Patentlösungen glaubt, wird einräumen müssen, daß die Probleme zum Verzweifeln komplex sind. Und es ist lästig, beim Ausschütten des Bades immer aufpassen zu müssen, daß das Kind nicht mit herausfällt.

Dies sind also einige der Unterschiede, die mit einer gewissen Zwangsläufigkeit die «Sicht der jungen Generation», aus der ich zu sprechen habe, bestimmen müssen. Aber auch nachdem ich sie festgestellt habe, kann ich immer noch nicht hoffen, mit allgemeiner Zustimmung der Jungen die Entwicklung seit 1945 zu betrachten. Lassen Sie mich Ihnen nun die Vorträge in Erinnerung rufen, die sich mit der Entwicklung der Schweiz auf den verschiedenen Gebieten befaßten, und erlauben Sie mir, daran meine Bemerkungen anzuknüpfen.

2. Die Nachwirkungen der Kriegssituation
Der erste Vortrag schilderte die Lage, in der sich die Schweiz am *Ende des Zweiten Weltkriegs* befand.[2] Der damals noch

---

2 Der Vortragszyklus, der diesem Werk zugrunde liegt, wurde eingeleitet durch ein Referat von Professor Hans von Greyerz von der Universität Bern über die Schweiz am Ende des Zweiten Weltkriegs. Da es sich dabei weitge-

nicht Neunjährige, der sich bloß noch an die Kirchenglocken und die unverhoffte Grosszügigkeit einer Spielwarenverkäuferin erinnert, hat dem Bild des Historikers nicht viel beizufügen. Und doch hat die Erinnerung an den Krieg und dessen Auswirkungen auch für ihn, den Vertreter der jüngeren Generation, seine Bedeutung. Ich habe schon darauf hingewiesen, dass die konservativ wirkende Verteidigungshaltung, welche die Bedrohung von außen der Schweiz aufzwang, teilweise den Unterschied im Denken zwischen älterer und jüngerer Generation bewirkt hat, daß das Zusammenrücken der verschiedenen politischen Richtungen vor der gemeinsamen Gefahr die politische Ausgangssituation der Jungen wesentlich geprägt hat. Die unterschiedliche Betrachtungsweise der Generationen hat sich aber auch in anderer Hinsicht in der Folgezeit ausgewirkt. Unter dem Einfluß der Bemühungen Deutschlands, seine Vergangenheit zu bewältigen, haben auch bei uns junge Leute gegen eine allzu verklärende Darstellung der Schweiz während des Krieges vom Leder gezogen. Man hat gegen die These, die Deutschen hätten uns nur aus Angst vor der Entschlossenheit unserer Milizen mit ihrem Angriff verschont, mit einigem Nachdruck auf die wirtschaftlichen und politischen Konsequenzen hingewiesen, mit denen wir unsere Unversehrtheit erkauft haben. Man hat die allerdings auch von offizieller Seite zugestandenen Fragwürdigkei-

---

hend um Abschnitte aus dem demnächst erscheinenden Handbuch der Schweizergeschichte handelt, mußte auf eine Widergabe in der vorliegenden Publikation verzichtet werden. [Anm. d. Hrsg.: Matter bezieht sich auf den Band *Die Schweiz seit 1945* (Bern 1971), in dem die Beiträge der Vortragsreihe nachzulesen sind – mit Ausnahme eben jenes von Hans von Greyerz. Dessen Text erschien im zweiten Band des *Handbuchs der Schweizer Geschichte* (Zürich 1977) als Teil des Artikels über den Bundesstaat seit 1848 (S. 1019–1267, die Darstellung der Jahre nach 1945 erfolgt auf den Seiten 1213–1267).]

ten unserer Flüchtlingspolitik den Älteren mehrmals noch vorgehalten. Und der Nachweis, daß auch bei uns verschiedene Leute für Nationalsozialismus und Antisemitismus anfällig waren, hat noch in jüngster Zeit Aufsehen zu erregen vermocht.

Noch tiefergreifender waren indessen wohl die Nachwirkungen der Kriegsmentalität auf zwei andern Gebieten. Einmal im Verhältnis der Schweiz als Nation. Während des Zweiten Weltkriegs konnte sich in der Schweiz die Abwehr des Nationalsozialismus mit einem schweizerischen Nationalgefühl verbinden, das von jener Abwehr her seine Legitimation erhielt. Das Bild, das mit besonderem Nachdruck etwa die Landesausstellung von 1939 von der Schweiz entworfen haben muß, war wohl während des ganzen Krieges eine Stütze, an die sich die geistige Abwehrbereitschaft klammern konnte. Es hat zu einem Stil und Pathos des eidgenössischen Patriotismus geführt, der uns Jüngern später kaum mehr verständlich war. In der 1955 erschienenen Kampfschrift «Achtung: die Schweiz» haben die drei Autoren Max Frisch, Markus Kutter und Luzius Burckhardt erstmals eben jene Landischweiz angegriffen, um dagegen ihre Idee der neuen Stadt zu entwerfen, die als gemeinsame Aufgabe aus jenem defensiv-patriotischen Denken herausführen sollte. Damit manifestierte sich zum ersten Mal ein neues Verhältnis zur Schweiz als Nation. Die kritische Distanz der Jungen gegenüber jener Haltung kommt aber noch im folgenden, 1967 erschienenen Gedicht des jungen Berner Lyrikers Hans Mühlethaler zum Ausdruck:

was ich zum vaterland sagen soll
weiß ich nicht
wie man da hymnen machen kann
begreife ich nicht ich habe nicht gelernt
den hut zu ziehen vor den

vaterlandshymnen ich habe gesehen daß
das vaterland schön ist und die hymnen
nicht schön ich habe
mich erinnert daß das vaterland einmal
bedroht war von feinden und
heute ist es von hymnen bedroht

Wenn wir, die Jungen, so etwas lesen, oder auch Peter Bich-
sels Aufsatz «Des Schweizers Schweiz», so teilen wir diese
Einstellung ohne weiteres. Aber ich weiß, daß sich da ältere
Leute gewaltig ärgern.

Das ist die eine Nachwirkung des Krieges, die für mich als
Jungen erwähnenswert erscheint. Eine andere liegt wohl im
Verhältnis zum Kommunismus. Für einen Menschen, der den
Krieg erlebt hat, der sich auch der Allianz Hitlers mit Stalin
erinnert, ist die Gleichsetzung Braun = Rot wohl in der Tat
naheliegend. Für uns Jüngere – ich muß hier aufpassen, daß
ich nicht zu sehr verallgemeinere, aber ich würde zumindest
sagen: für uns Jüngere ist die Sache nicht mehr ganz so einfach. Die heute überwundene Osthandelshysterie der fünfziger Jahre, überhaupt die Ostkontakthysterie, die darin gipfel-
te, daß dem Geiger Oistrakh das Auftreten in Zürich
verboten wurde: sie war wohl, jedenfalls in der Intensität, mit
der sie bei uns auftrat, Nachwirkung unserer Kriegssituation.
Gewiß, es gab und gibt auch in den USA eine ähnliche Mentalität. Aber für Europa war die Schweiz doch wohl führend.
Karl Barth hat mit Bezug auf diese Sache einmal, zum Ärger
vieler, den Satz geäußert, die Schweiz sei im Begriff, «zum
Dorftrottel Europas» zu werden. Manche Junge sehen hier
ähnlich. Es ist gewiß kein Zufall, daß, einer kürzlich veröffentlichten Umfrage zufolge, vor allem die jüngeren Leute das
ominöse Zivilverteidigungsbuch abgelehnt haben. Natürlich
heißt das nicht, daß sie alle mit dem Osten liebäugeln, daß

nicht auch sie überwiegend die Ereignisse in der Tschechoslowakei z. B. verurteilen. Aber ich glaube nicht, daß sie, die nicht durch das Kriegserlebnis bestimmt sind, zum Kommunismus doch in stärkerem Maße ein ambivalentes Verhältnis haben als ihre Väter.

Der zweite Vortrag, derjenige von Professor Aubert, war der *schweizerischen Verfassungsgeschichte* gewidmet. Ich möchte im Zusammenhang mit der Verfassungsgeschichte nur auf etwas hinweisen, das mir für die ganze Entwicklung wesentlich scheint: auf das vielbesprochene Büchlein «Helvetisches Malaise», das der verstorbene Professor Imboden 1964 publiziert hat, und auf das durch dieses Büchlein zumindest mitveranlaßte Verfahren auf Totalrevision der Bundesverfassung. Während des Weltkriegs, sagte ich, ging es in erster Linie darum, das schweizerische Staatswesen, wie es war, zu erhalten, zu verteidigen. Diese Problemstellung, die auch nach dem Krieg das Denken noch beeinflußt hat, ist nun, wie an diesem Beispiel sichtbar wird, gründlich verändert. Gewiß hat es Vorläufer gegeben. Ich erinnere nochmals an «Achtung: Die Schweiz», wo schon 1955 die Frage zu lesen war: «Hat die Schweiz, die heutige, noch eine Idee?» Und an einer anderen Stelle: «Wir wollen die Schweiz als eine Aufgabe.»

Dieser Gedanke, damals noch von wenigen Avantgardisten geäußert, hat inzwischen, durch das Verfahren auf Totalrevision der Bundesverfassung, gewissermaßen eine offizielle Sanktion erhalten. Denn dieses Verfahren wurde im Parlament ausdrücklich damit begründet, daß es darum gehe, dem Land wieder eine Aufgabe zu setzen. Ich will hier nicht die Frage erörtern, ob die Totalrevision der Bundesverfassung geeignet sei, die Schweiz als eine Aufgabe ins Bewußtsein ihrer Bürger zu heben. Persönlich habe ich meine Zweifel. Aber wesentlich ist, daß heute, nach 25 Jahren Evolution, das Bewußtsein, die Schweiz müsse mehr in die Zukunft als aus der Vergangenheit leben, allgemein geworden ist. Heute sagt der Bundespräsident schon in seiner Neujahransprache, wir müßten uns «Ziele setzen». Worin diese Ziele bestehen, ist freilich keineswegs klar, nicht einmal in bezug auf die Verfassung. Aber es scheint doch, daß wir in den letzten 10 Jahren uns einem Punkt genähert haben, wo nicht mehr, nach der Formulierung Friedrich Dürrenmatts, die «Selbstzufriedenheit erste Bürgerpflicht» ist, wo es nicht mehr in erster Linie darum geht, die Schweiz, wie sie ist, zu erhalten, sondern aus ihr etwas zu machen.

3. Die politische Struktur

Mit der Verfassung hängt die *politische Struktur* zusammen, wie sie von Nationalrat Chevallaz unter dem Titel: «Le mouvement dans la stabilité» dargestellt wird. In dieser Abhandlung, aus der ich nur diesen einen Aspekt herausgreifen möchte, wird uns in Erinnerung gerufen, wie wenig äußere, in parteipolitischen Kämpfen oder in Wahlergebnissen sichtbare Bewegung die schweizerische Innenpolitik in den vergangenen 25 Jahren gekannt hat. Die Zusammensetzung des Parlaments hat sich seit 1945 nicht wesentlich verändert; und auf der Stufe der Regierung ist durch die Aufnahme der Sozialdemokraten in den Bundesrat die Stabilität eher noch verstärkt worden. Zweifellos ist dieses Fehlen jeder parteipolitischen Bewegung zum Teil eine Folge des schon erwähnten Zusammenrückens der Parteien während des Krieges. Es ist ferner eine Folge des Proporzsystems; der Proporz hat ja bei uns wahre Orgien gefeiert. Nicht nur wurde er auf den Bundesrat ausgedehnt, er wird heute bei jeder Schulkommission berücksichtigt. Dazu beschränkt sich der Proporz nicht auf die Parteien, er wird auf Landesteile ausgedehnt, auf Berufsgruppen. Unsere Wahlen gleichen mitunter derjenigen des Dalai Lama: Es gibt zuletzt nur noch einen einzigen, der sämtliche

Proporz-Voraussetzungen zu erfüllen vermag. Nun hat der Proporz zur Folge, daß er Auseinandersetzungen erschwert, weil von Anfang an alle politischen Richtungen an den Entscheidungen beteiligt sind. Daß damit auch die Verantwortlichkeit verwischt wird, ist die negative Seite. Hinzu kommt aber, daß selbst dort, wo der Parteienproporz beginnt, bei den Parlamentswahlen, er zugleich der politischen Bewegung schon entgegenwirkt. Ein Umschwung in der Wählerschaft, der in einem parlamentarisch regierten Staat einen Regierungswechsel verursachen würde, verpufft bei uns in der Vielzahl der Parteien und verändert kaum die Zusammensetzung des Parlamentes, geschweige denn die der Regierung.

Diese teils durch die Mentalität der Parteien gewollte, teils durch das Proporzsystem erzwungene *Immobilität des politischen Lebens* ist besonders für die Jungen mitunter frustrierend. Denn wenn die Parteien alle gleich oder ähnlich denken und wenn alle gleichermaßen für das, was geschieht, mitverantwortlich sind, wo soll sich da einer hinwenden, der mit dem, was geschieht, nicht einverstanden ist? Im Zweiparteiensystem geht es für die eine der beiden Parteien immer darum, Alternativen aufzustellen zu dem, was die Regierung vertritt. Daran kann sich ein Junger beteiligen und er kann seine Hoffnung bis zu einem gewissen Grad auf einen Regierungswechsel setzen. Bei uns hat er diese Möglichkeit nicht. Denn mit jeder Kritik sind die großen Parteien alle gemeinsam angegriffen, und die konservativen Kräfte kumulieren sich. Gewiß ist das Referendum da ein gewisses Korrektiv; es kommt vor, daß das Volk auch gegen die überwiegende Mehrheit seiner Vertreter im Parlament entscheidet. Aber auch das Referendum wirkt in erster Linie konservativ. Es beeinflußt die Politik nur, wenn das Volk nein sagt, andernfalls bleibt es bei dem, was das Parlament entschieden hat. Deshalb gelingt es dem Volk wohl, das Frauenstimmrecht zu torpedieren, aber

ob es ihm auch gelingt, einer fortschrittlicheren Hochschul-
politik zum Durchbruch zu verhelfen, ist zur Zeit noch weniger sicher.

Ein Ausweg, den ich selbst habe beschreiten helfen, ist die
Splitterpartei, deren Aufkommen der Proporz erleichtert. Sie
kann sich eine gewisse Aktionsfreiheit verschaffen, die es ihr
ermöglicht, auch Postulate zu vertreten, die von den großen
Parteien nicht vertreten werden. Doch hat es sich, jedenfalls
in meiner Erfahrung, gezeigt, daß die Wirksamkeit einer
Splitterpartei sich auf eine gewisse Polizei- oder, wenn man
will, Feuerwehrfunktion gegenüber den großen Parteien beschränkt: man kann ihnen auf die Finger sehen, man kann
hier und da einspringen, wo sie versagen; aber wegweisende
Impulse können kaum von einer Splitterpartei ausgehen. Gewiß steht es jedem Parlamentarier frei, eine Motion über eine
Neugestaltung des Bildungswesens einzubringen. Aber eine
solche Motion läuft Gefahr, mit allen gegen drei Stimmen
verworfen zu werden, und damit hat der Splitterparteimann
sein Pulver verschossen; er hat vielleicht seiner Sache sogar
eher geschadet als genützt. Kann man es ihm dann verargen,
wenn er, durch diese Erfahrung gewitzigt, mit APO-Metho-
den zu liebäugeln beginnt, die zwar ebenfalls nichts unmittelbar bewirken, die aber doch ein öffentliches Bewußtsein für
gewisse Fragen eher zu schaffen vermögen – schon durch das
Ärgernis, das sie erregen – als die kurzerhand beerdigte Motion?

Noch auf einen andern Punkt ist in diesem Zusammenhang hinzuweisen. Die relative Stabilität, das Fehlen wesentli-
cher parteipolitischer Auseinandersetzungen und der Sieg des
Proporzdenkens sind in der letzten Zeit noch dadurch frag-
würdiger geworden, daß sie gewisse bestehende *Auseinandersetzungen verschleiern*. In den fünfziger Jahren schien es in der
Tat, als bestünden in unserer Gesellschaft keine eigentlichen

ideologischen Differenzen mehr, als seien die politischen Schattierungen nur noch durch die ökonomischen Interessen der Bevölkerungsschichten bestimmt, welche die einzelnen Parteien vertreten. Es ging um mehr oder weniger AHV, mehr oder weniger Staatsintervention, aber nicht mehr um grundlegend verschiedene politische Ideen. Eine Ausnahme bildete höchstens die PdA, die aber keine wesentliche Rolle spielte.

Diese Übereinstimmung in der politischen Gesinnung ist indessen in den sechziger Jahren mehr und mehr vergangen. An den Atom-Initiativen begannen sich die *Geister zu scheiden,* und solche Fragen sind seither zahlreicher geworden. Der Krieg in Vietnam, die Dienstverweigerer-Frage, der Globus-Krawall, um nur einige Beispiele zu nennen: hier überall wird Partei genommen, die einen bezeichnen die andern, je nachdem, als Wirrköpfe oder als Reaktionäre, und sehr oft trennen sich in diesen Fragen die Ansichten nach Generationen: die älteren sind militaristischer, antikommunistischer, autoritärer, die jüngeren pazifistischer, linksstehender, antiautoritärer. Gewiß gibt es Ausnahmen und die Fronten decken sich nicht in jedem Fall. Aber im großen und ganzen kann man sagen, daß ideologische Differenzen in der letzten Zeit wieder wichtiger geworden sind. Das hat sich besonders am Zivilverteidigungsbuch deutlich gezeigt.

Merkwürdig ist jedoch, daß diese Differenzen quer durch die Parteigruppierungen hindurchgehen, und zwar in der Schweiz viel mehr als in anderen Ländern. Dadurch wird die demokratische Auseinandersetzung nachteilig beeinflußt. Man kann seiner Überzeugung nicht mit dem Stimmzettel Ausdruck geben, weil in diesen Dingen die Fronten nicht als politische Gruppierungen in Erscheinung treten. Dadurch wird die Auseinandersetzung in demokratischen Formen ihrer Substanz beraubt, während gleichzeitig die Auseinandersetzung außerhalb jener Formen an Schärfe und gegenseitiger Intoleranz gewinnt, weil sie eben nicht zum Austrag kommt. Ich glaube, daß dieses Problem sich noch weiter zuspitzen wird, je mehr die heutige junge Generation – die heutigen Mittelschüler und Studenten – ins politische Leben hineinwächst. Schon heute knackt es zum Teil in den Fugen der bestehenden Parteien, und deren Nachwuchsschwierigkeiten sind bekannt. Man wird sich ohne Zweifel in den siebziger Jahren dieses Problems annehmen müssen.

4. Die Wirtschaft

Drei der Vorträge dieses Winters befaßten sich mit der *Wirtschaft*. Professor Bickel schilderte unter dem Titel «Wachstum und Strukturwandel der Wirtschaft» den Aufschwung zur Hochkonjunktur bis zur Konjunktur-Überhitzung. Dr. Senti befaßte sich mit der staatlichen Wirtschaftspolitik, der es in den sechziger Jahren mehr und mehr um den Kampf gegen Teuerung und Überkonjunktur zu tun war. Die Arbeit Professor Wittmanns schließlich behandelte die schweizerische Finanzpolitik.

Kein Zweifel, die Schweiz hat in den letzten 25 Jahren wirtschaftlich gut abgeschnitten. Wenn auch nicht alle Gebiete gleichermaßen von Wohlstand profitieren konnten, wenn auch gerade der ökonomische Erfolg unseres Landes neue Probleme, etwa die Fremdarbeiterfrage, auf den Plan gerufen hat: man braucht nur in andere Länder zu gehen und dort die Löhne und den Lebensstandard zu vergleichen, um zu erkennen, daß es uns gut geht. Kommt es daher, daß wir ein arbeitsames und fleißiges Volk sind? Zum Teil, sicher. Der Vergleich mit andern Ländern zeigt jedoch noch etwas anderes: daß wir, was die sozialen Einrichtungen betrifft, hinter den andern Ländern herhinken. Wir haben unsere bescheidene AHV, wir haben die IV; aber damit hat es sein Bewenden.

Nun, man wird sagen: der Wohlstand des Volkes ist eben auch eine Folge unseres wirtschaftlichen Liberalismus. Wir sind eben auch ein Steuerparadies, und der Arbeitnehmer muß bei uns nicht einen großen Teil seines Lohnes für Sozialleistungen abzweigen. Das ist wahrscheinlich richtig. Aber hier erhebt sich doch ein Bedenken: die freie Marktwirtschaft ist sehr erfolgreich im Erfinden von hundert verschiedenen Zigarettenmarken und Geschirrspülautomaten. Nicht ganz so erfolgreich ist sie im Bereitstellen von Altersheimen, Spitälern, Ausbildungsmöglichkeiten und dergleichen. Und wenn der Klassenkampf in der alten Form bei uns auch so gut wie vorbei ist, wenn es denen, die am Arbeitsprozeß teilnehmen können, im großen ganzen gut geht, so zeigt sich doch heute mehr und mehr eine andere Klasse von Benachteiligten: diejenigen, die eben ausserhalb des Arbeitsprozesses stehen: die Alten, die Kranken, die Invaliden, und auch die Jungen, denen es um ihre Ausbildung geht, die vielleicht auf Stipendien angewiesen sind. Hier sind wir keineswegs führend. Man kann nur sagen: wenn durch die freie Marktwirtschaft dafür gesorgt wird, daß der Kuchen im ganzen größer wird, so fällt dadurch auch für die relativ Benachteiligten ein größeres Stück ab. Aber so ganz sicher ist das nicht. Und während im Klassenkampf alter Prägung die Arbeiter sich durch Zusammenschluß zu Gewerkschaften gemeinsam haben wehren können: diejenigen, die heute in der Hochkonjunktur zwischen Stuhl und Bank fallen, können sich weniger gut wehren. Es gibt keine Gewerkschaft der Alten und Kranken, wie übrigens auch die Fische in unseren verunreinigten Gewässern ihre Interessen nicht ebenso lautstark zur Geltung bringen können wie die Metallarbeiter. Was ferner die benachteiligten Landesteile betrifft, so geraten sie oft in einen Teufelskreis: weil sie arm sind, müssen sie hohe Steuern ansetzen, und weil sie hohe Steuern haben, zieht die Industrie weg und sie werden noch ärmer. Ich töne all diese Fragen nur an, und weiß, daß es Leute gibt, die sich um sie bemühen. Trotzdem erhält man mitunter den Eindruck, bei uns in der Schweiz werde zuviel am Schaltpult der konjunkturgerechten Lenkungsmaßnahmen herum laboriert und zuwenig an die Dinge gedacht, die unter die Räder der Konjunktur kommen können, und zu deren Gunsten man vielleicht sogar auf etwas Konjunktur verzichten dürfte, wenn es nicht anders geht. Es gibt heute Junge, und gar nicht wenige, die meinen, um dieser Dinge willen sollte man die Gesellschaft von Grund auf revolutionieren. Ich selbst glaube nicht an Lösungen, die alle Probleme auf einmal aus der Welt schaffen sollen. Ich glaube aber auch nicht, daß die freie Gesellschaft davon abhängt, daß man die wirtschaftlichen Kräfte frei walten läßt. Hier ist einer der Fälle, wo man beim Ausschütten des Bades vorsichtig sein muß; doch soll uns das nicht hindern, in die Hände zu spucken und die Wanne kräftig anzupacken.

5. Neue Aufgaben

Ich möchte nun vier weitere Vorträge berühren, die, obschon sie wenig miteinander zu tun haben, doch alle Probleme aufwerfen, die in diesen Zusammenhang gehören: die Vorträge über die Außenpolitik, die Planung, das Bildungswesen und die Kulturpolitik. Allen vier ist gemeinsam, daß sie sich vor allem mit Fragen beschäftigen, deren Lösung noch in der Zukunft liegt.

Was die *Außenpolitik* betrifft, so wurde zwar die Maxime «neutralité et solidarité» bereits in der Vergangenheit geprägt. Das Versprechen, welches die Schweiz mit dieser Maxime abgegeben hat, ist jedoch noch bei weitem nicht eingelöst. Die Stellung unseres Landes zur UNO und zum vereinigten Europa muß erst noch gefunden werden. Und die Aufgabe, welche die reiche Schweiz gegenüber den Entwicklungsländern und auch im Dienste einer aktiven Friedenspolitik erfüllen könnte, ist noch nicht einmal ins allgemeine Bewußtsein gedrungen. Ich gebe zu, daß hier noch Probleme liegen, über denen man leicht verzweifeln könnte. Aber ich bin überzeugt, daß wir zumal in Sachen Entwicklungshilfe noch weit größere Opfer zu bringen haben, wenn das Versprechen der Solidarität Wirklichkeit werden soll. Man hat die Frage gestellt, ob man nicht einen Dienst in der Entwicklungshilfe als Alternative zum Militärdienst einführen könnte. Ich halte diese Frage für prüfenswert. Die Entwicklungshilfe ist für die Jungen eine der besten Möglichkeiten zu politischem Engagement.

Auch für die *Planung,* mit der sich Professor Vogua befaßte, liegen die größten Aufgaben noch in der Zukunft. Keiner, der, etwa von einem Flugzeug aus, gesehen hat, wie sich unsere Städte gleich bösartigen Geschwüren in die Landschaft ausdehnen, wird dies bezweifeln können. Ich weiß, daß manche Architekten und Planer in diesen Dingen schon Lösungen oder wenigstens Vorstellungen von Lösungen bereit haben. Und als Jurist habe ich hier mitunter ein schlechtes Gewissen: denn ich weiß auch, daß sie damit oft gerade an uns scheitern, daran, daß wir Juristen Mühe haben, rechtlich befriedigende Formen zur Durchsetzung ihrer Ideen anzubieten. Eigentumsverhältnisse, Entschädigungsforderungen, Bauvorschriften, Bewilligungen, Einsprachen, mühselige Landumlegungsverfahren: im Dickicht dieses juristischen Kleinkrams zerknittern die Pläne, die auf dem Reißbrett so glatt und bestechend aussahen.

Ich komme (nun schon im Eiltempo) zum *Bildungswesen.* Hier herrsche, sagte Dr. Deppeler, ein «echter Notstand». Und in der Tat: noch ist die Chancengleichheit nicht verwirklicht, noch kann einer, der die Weiche falsch gestellt hat, den Anschluß an höhere Schulen nur schwer finden; es fehlt an Planung und Koordination, am Geld auch; die Lehrpläne

sind teilweise veraltet; der Bedarf unserer Gesellschaft an ge-
schulten Kräften wird nicht gedeckt; zwischen Lehrern und
Schülern besteht vielerorts eine Autoritätskrise –: ein ein-
drücklicher Katalog! Sie sehen, auch hier: der Bericht Lab-
hardt und die Verwerfung des ETH-Gesetzes, beides liegt in
der Vergangenheit; aber die Lösung der Aufgaben, die dadurch gestellt sind, liegt noch vollständig in der Zukunft; hier
kann nur das «Prinzip Hoffnung» regieren.

Was schließlich die *Kulturpolitik* anbelangt, so bestehen
auf diesem Gebiet, wie Frank Jotterand ausführte, zwar Anfänge: im Wirken der Pro Helvetia und in der teilweise er-
freulichen Kulturpolitik einiger Städte. Aber auch hier wäre
noch viel zusammenzufassen, zu koordinieren; Lücken wären
zu stopfen, Austausche zu pflegen.

Auf allen diesen Gebieten, könnte man sagen, ist die Geschichte der letzten 25 Jahre fast nur Vorgeschichte: man hat
die Probleme erkannt; ihre Lösung aber wird Aufgabe unserer
Generation sein.

6. Presse und Information, Landesverteidigung
Ich möchte mich nun den Themen der letzten beiden Vorträge zuwenden, der Information und der Landesverteidigung,
indem ich weiterhin von der Narrenfreiheit Gebrauch mache,
die Sie demjenigen einräumen müssen, der über alles zugleich
sprechen soll.

Zum Fragenkreis von Presse und Information möchte ich
nur zwei Bemerkungen anfügen. Die erste: Ich habe früher
erwähnt, daß die in den sechziger Jahren aufgetretenen neuen
ideologischen Differenzen die Parteistruktur noch nicht beeinflußt haben, daß die Spannungen quer durch die Parteien
hindurch gehen. Der – sagen wir es ruhig – Linkstrend, der
sich vor allem bei jüngeren Leuten mit mehr oder weniger
Radikalität überall zeigt, hat noch keine Partei gefunden. In

der Presse jedoch ist die Situation anders, hier hat er seine Organe. Da gibt es zum Beispiel die sogenannte «blaue Presse»: Nationalzeitung, Weltwoche, Zürcher Woche (die allerdings, seit sie Sonntags-Journal heisst, rot geworden ist). Ich weiß, es gibt Leute, die schon zu schimpfen beginnen, wenn man diese Zeitungen nur erwähnt. Aber ist nicht z. B. die Tatsache erstaunlich, daß fast alles, was in der jüngeren Deutschschweizer Literatur einen Namen hat, gelegentlich bis häufig an diesen Zeitungen mitarbeitet? Gewiß, man kann nun einfach sein Schimpfen auch auf die Literatur ausdehnen. Müßte jedoch ein unbefangener Betrachter nicht zugeben, daß das nun doch nicht mehr einfach mit destruktiver Geistesart abgetan werden kann, daß sich hier doch offenbar echte Gesinnungsdifferenzen abzeichnen, die früher oder später als solche auch ernstgenommen und demokratisch ausgetragen werden müssen? Ich glaube, die Presse hat hier einfach sensibler auf die politischen Wandlungen reagiert als die offizielle institutionalisierte Politik.

Der zweite Punkt, den ich auf dem Gebiet von Presse und Information erwähnen möchte, ist dieser: Es besteht kein Zweifel, daß die sogenannten Massenmedien, vor allem das Fernsehen, gegenüber der Presse gewaltig an Bedeutung gewonnen haben. Damit stellen sich heute auch für die Pressefreiheit, die Meinungsäußerungsfreiheit neue Fragen. Früher erschöpfte sich die Bedeutung dieser Freiheiten darin, daß der Staat in Presse und Meinungsäußerung nicht eingreifen, zum Beispiel keine Zensur ausüben sollte. Heute ist alles anders geworden. Das Fernsehen hat durch seine Bedeutung so etwas wie ein Monopol auf die wirksame Verbreitung von Meinungen erhalten. Damit etwa eine oppositionelle Minderheit wirklich zum Zug kommen kann, genügt es nicht meh, ihr das Verbreiten ihrer Presseerzeugnisse nicht zu verbieten. Der Staat, d. h. das konzessionierte Fernsehen, muß ihr eine posi-

tive Leistung erbringen, es muß ihr Sendezeit einräumen, sie
an Diskussionen teilnehmen lassen. Das wirft für die Freiheit
äußerst subtile Probleme auf. Wie, wenn zum Beispiel der
Sendeleiter zwar auch einen Vertreter der Opposition zum
Gespräch am runden Tisch lädt, aber den allerdümmsten, den
er finden kann, den, von dem er mit Sicherheit weiß, daß er
seiner Sache nur schaden wird? Die Möglichkeiten unmerk-
lich subtiler Manipulation sind hier groß. Auch dieser Fragen
wird man sich annehmen müssen, man kann sich da nicht
hinter der historischen Bedeutung der Freiheitsrechte ver-
schanzen.

Gestatten Sie nun dem Dienstuntauglichen noch ein Wort
zur Landesverteidigung. Oberstkorpskommandant Prof. Ernst
hat uns das Ringen der hohen Offiziere und Militärbehörden
um die Landesverteidigungskonzeption dargestellt, ein Ringen, an dem er selbst wie kaum ein zweiter aktiv teilgenommen hat. Ich habe diesem Vortrag mit Interesse zugehört.
Doch zum Schluß habe ich festgestellt – und diese Feststellung, wenn sie nicht nur für meine Dienstuntauglichkeit cha-
rakteristisch ist, könnte es vielleicht für die « Sicht der jüngeren Generation » sein: daß er einige Fragen, die mir in bezug
auf die Landesverteidigung zu allererst gekommen wären, gar
nicht oder nur am Rande berührt hat. Das Erlebnis der
Atombombe am Schluß des Krieges, dann die Wasserstoff-
bombe, und was man sich angesichts dessen in bezug auf
künftige Kriege zu denken hat; die Atominitiativen als Folge
dieser Erfahrung; und nun neuerdings der Atomsperrvertrag.
Dann andererseits die Frage, wieweit künftige kriegerische Be-
drohungen noch auf die politische Einheit Schweiz reduzier-
bar sind, auch wenn wir von uns aus die Neutralität nicht
preisgeben wollen. Und schließlich die auch von Professor
Aubert erwähnte Dienstverweigerer-/Zivildienstfrage, und,
vielleicht damit zusammenhängend, die Frage der Vermensch-

lichung und «Demokratisierung» der Armee. Ich will und kann diese Fragen hier nur aufwerfen. Vielleicht sind sie der jungen Generation heute wichtiger, als sich die ältere oft bewußt ist.

7. Zusammenfassung

Ich habe alle Themenkreise dieser Vortragsreihe durchgegangen und mich bemüht, dazu einige Bemerkungen aus der Sicht der jungen Generation beizutragen. Diesen ganzen Zeitraum von 1945 bis 1970 zusammenfassend zu würdigen, dürfte nicht nur mir schwerfallen. Aber vielleicht können Sie das folgende als Versuch akzeptieren. Dieser Zeitabschnitt beginnt für die Schweiz mit dem Ende einer zwar ernsthaften, aber auch eindeutigen und insofern einfachen Bedrohung von außen. Deren Abwehr hatte außerordentliche Maßnahmen erfordert, zugleich aber das Land innerlich integriert, wenn auch dabei an Fortschrittswillen und Selbstkritik einiges verloren ging. (Ist es nicht fast unglaubhaft, wenn man sich vergegenwärtigt, daß die Schweiz im 19. Jahrhundert wirklich eines der politisch fortschrittlichsten Länder Europas war?) Diese gut integrierte, aber auch selbstgerechte Schweiz ging durch die fünfziger Jahre, mit sich zufrieden, ohne die aufkommenden neuen Probleme recht zur Kenntnis zu nehmen. In den sechziger Jahren wurden ihr dann in verschiedener Hinsicht die Augen geöffnet. Heute zeigt sich, dass die neuen Probleme vielleicht nicht so ernsthaft sind wie die alte Bedrohung, aber dafür umso undurchsichtiger und komplexer. Zugleich zeigt es sich, daß auf einer Reihe von Gebieten mutige Entscheidungen fällig sind. Ob wir es in den siebziger Jahren schaffen werden, in all den komplexen Problemen doch mutige Entscheidungen zu fällen, das wird die Zukunft zeigen. Es wird davon abhängen, ob es uns gelingt, uns die Schweiz, wie sie sein könnte, lebhaft vor Augen zu stellen, beim Bau von

Luftschlössern keine Kosten zu scheuen, und mutig auf ihre Verwirklichung hinzuarbeiten. Und so will ich dem schönen Brauch aller Vortragsredner folgend mit einem Zitat schließen – oder besser gleich mit zweien. Das erste ist ein berndeutsches Gedicht von Kurt Marti:

wo chiemte mer häre
wenn alli seite:
wo chiemte mer häre
und niemer giengti
für einisch z'luege
wohi daß me chiem
we me gieng.

Das zweite Zitat stammt aus Friedrich Dürrenmatts Gedicht « An mein Vaterland »:

O Schweiz! Don Quichotte der Völker! Warum muß ich
dich lieben!
...
Nicht das liebe ich, was du bist, nicht das, was du warst,
aber deine Möglichkeit liebe ich, die Gnade, die immer hell
über dir schwebt,
das Abenteuer, heute dir anzugehören, die Kühnheit,
jetzt, gerade jetzt, keine Furcht zu haben,
den heiligen Wahnsinn, dich zu bejahen.
Denn mein Land bist du nur, wenn du ein Wunder bist ...

Dank

Als Erstes sei meinen Eltern gedankt, die mich früh mit Mani-Matter-CDs versorgt haben. Ebenfalls möchte ich meiner Musiklehrerin in der Primarschule, Rik Müller, herzlich danken, in deren Unterricht die Lieder von Mani Matter ihren festen Platz hatten.

Für Gespräche möchte ich mich bei meiner Partnerin Romina Streffing sowie bei Sebastian Knüsli, Philipp Koch, Cornelia Kögler, Anne Krier, Joël László, Johanna Sänger, Lisa Schank, Roman Schneiter, Reto Sorg und Benjamin von Wyl bedanken. Detaillierte Lektüreeindrücke verdanke ich Hans-Ulrich Jost und Werner Seitz, weitere Hinweise Michael Angele, Stefan Keller, Lukas Linder und Remo Vitelli.

Sehr möchte ich mich bei Joy Matter und der Matter-Familie bedanken, die das Vorhaben dieses Bands unterstützt und wichtige Hinweise zum Text gegeben haben. Auch für die Genehmigung des Abdrucks der Matter-Texte im Band sei ihnen herzlich gedankt.

Andjelka Antonijevic sei für das Lektorat beim Zytglogge Verlag gedankt, dem Verlagsleiter Thomas Gierl für die Aufnahme des Bands in dessen Programm. Zu Dank bin ich ferner der Universitätsbibliothek Basel und dem Schweizerischen Literaturarchiv in Bern verpflichtet, die mich mit Scans und Kopien versorgt haben. Der Schweizerische Nationalfonds hat meine wissenschaftliche Arbeit im Entstehungszeitraum des Essays unterstützt.

Den Essay widme ich unserer Tochter Ada.

Ebenfalls bei Zytglogge erschienen

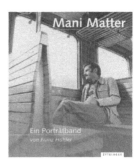

Franz Hohler
Mani Matter – Ein Porträtband
ISBN 978-3-7296-5093-0

Fünfzig Jahre nach seinem tragischen Tod ist Mani Matters Popularität ungebrochen. Immer noch singen Schulkinder auswendig seine Lieder. Junge Musikerinnen und Musiker vertonen seine berndeutschen Texte. Er ist zur Legende geworden. Wer war er wirklich? Worauf beruht die Wirkung seiner Lieder? Diesen Fragen ist Franz Hohler nachgegangen. Aus Tagebuchnotizen und Selbstdarstellungen, aus Äusserungen seiner Freunde, aus Fotografien und Dokumenten hat Hohler einen Porträtband zusammengestellt, der die menschliche und schöpferische Vielfalt Matters zeigt. Neben der Geschichte seiner Lieder kommen auch seine Tätigkeit als Jurist, seine Herkunft und sein politisches Engagement ausführlich zur Sprache.

Eine Annäherung an Mani Matter, ergänzt mit vielen Originaldokumenten und zahlreichen Fotografien und mit Gastbeiträgen u. a. von Guy Krneta, Kuno Lauener und Felicitas Hoppe.

Ebenfalls bei Zytglogge erschienen

Mani Matter
Was kann einer allein gegen Zen Buddhisten
Philosophisches, Gedichte, Politisches, Erzähltes und Dramatik
ISBN 978-3-7296-0942-6

In den Kellerräumen des Schweizerischen Literaturarchivs liegen, geordnet in vielen grauen Archivschachteln, die Texte aus dem Nachlass Mani Matters. Bei der Sichtung wird deutlich, dass die Bezeichnung ‹Chansonnier› für ihn zu kurz greift.

Dieser Band mit Unveröffentlichtem aus dem Nachlass von Mani Matter zeigt die Breite seines Schaffens. Nach literarischen Gattungen geordnet gibt die Sammlung Einblick in Mani Matters frühe Texte, zeigt seinen Drang zu formulieren und seine Liebe zur Sprache und zur Philosophie, die seinem ganzen Werk zugrunde liegt und überall zutage tritt, ob in alltäglichen oder politischen Überlegungen, ob in Gedichten oder im Bühnenstück ‹Der Unfall›.

Ebenfalls bei Zytglogge erschienen

Hans Peter Matter
Benjamin Schindler (Hg.)
**Die pluralistische Staatstheorie
oder Der Konsens zur Uneinigkeit**
ISBN 978-3-7296-0852-8

Hans Peter – oder ‹Mani› – Matter (1936–1972) hat als Liedermacher und Sprachkünstler Generationen begeistert. Aus Belanglosigkeiten des Alltags schuf er poetische, skurrile, bissige und liebevolle Wortspiele. Manche erscheinen als Nonsens, doch hinter allen verbirgt sich ein tieferer Sinn. Nirgends wird dies so deutlich wie in seiner Auseinandersetzung mit dem Thema Staat. Seine als juristische Habilitationsschrift konzipierte Arbeit ‹Die pluralistische Staatstheorie› entstand während eines Forschungsaufenthalts in Cambridge in den Jahren 1967 und 1968 und kreist um die grundlegenden Fragen nach dem Verhältnis von Staat und Recht, nach der staatlichen Souveränität und nach der Stellung von Individuum und Verbänden im und zum Staat.

Ebenfalls bei Zytglogge erschienen

Mani Matter
Das Cambridge Notizheft
Tagebuch 1968
ISBN 978-3-7296-0830-6

Vom Herbst 1967 bis zum Herbst 1968 wohnte Mani Matter mit seiner Frau Joy Matter und den drei Kindern in Cambridge, wo der Jurist Matter seine (nicht eingereichte) Habilitationsschrift schrieb. Die Zeit war für Matter auch von Selbstzweifeln geprägt: Weshalb eine Habilitation, wenn er gar nicht wusste, ob ihm eine universitäre Karriere zusagen würde? Auch fehlten ihm die Berner Freunde und die Diskussionen mit ihnen. Sein Tagebuch aus dieser Zeit, das ‹Cambridge Notizheft›, zeugt von diesen Reflexionen. Mit einem Vorwort von Joy Matter und einem Essay von Urs Frauchiger.

Ebenfalls bei Zytglogge erschienen

Radio-Gedenksendung (1973)
Mani Matter
« Warum syt dir so truurig? »
CD
EAN 7611698040853
ISBN 978-3-7296-4085-6

Am 24. November 1972 verunfallte Mani Matter 36-jährig auf dem Weg zu einem Konzert tödlich. Ein Jahr später wurde eine Gedenksendung des Schweizer Radios ausgestrahlt. Die Aufzeichnung enthält Interviews mit Mani Matter, Kurt Marti, Klaus Schädelin, Urs Brand, Josef Hofstetter, Jörg Müller, Werner Spirig, Andreas Schärer, Christof von Greyerz, Sam Jaun, Reinhold Tschäppät, Gerhard Schürch, Max Neuenschwander, Jacob Stickelberger, Fritz Widmer, Peter Stein, Theo Hirsbrunner, Peter Lehner, Adolf Muschg, Dieter Fringeli, Emil Steinberger, Dimitri, Franz Hohler und Musik von Mani Matter, Fritz Widmer, Jacob Stickelberger und Franz Hohler.

Ebenfalls bei Zytglogge erschienen

Und so blybt no sys Lied
Mani Matter, Various Artists
CD
EAN 7611698046251
LP
EAN 7611698046282

Schweizer Musikerinnen und Musiker interpretieren auf diesem Doppelalbum die Chansons Mani Matters neu. Auch Übersetzungen und unveröffentlichte Songfragmente sind zu hören. Mit Lo & Leduc, Jeans for Jesus, Max Urban & ZeDe, Evelinn Trouble, Noti Wümié, Ben Whale, Guillermo Sorya, Lia Sells Fish, Steff la Cheffe, Melker, Baze, Jürg Halter, Troubas Kater, Stahlberger, Boni Koller & Tobias Jundt, Balduin, Tim & Puma Mimi, Copy & Paste, Round Table Knights feat. Reverend Beat-Man, Skor.